# Fachbegriffe des Garten- und Landschaftsbaus

Best.-Nr. 7461
Holland + Josenhans Verlag Stuttgart

1. Auflage 2010
Dieses Werk folgt der reformierten Rechtschreibung und Zeichensetzung.



Dieses Buch ist auf Papier gedruckt, das aus 100 % chlorfrei gebleichten Faserstoffen hergestellt wurde.



Satzherstellung: Claudia Wild, Konstanz
Druck und Weiterverarbeitung: DZA, Druckerei zu Altenburg GmbH, Altenburg

ISBN 978-3-7782-7561-3

## Vorwort

Jeder Beruf hat seine **Fachsprache**, die es ihm erlaubt, einen Sachverhalt präzise, eindeutig und mit möglichst geringem sprachlichem Aufwand zu benennen. Gerade der Beruf des **Gärtners/der Gärtnerin der Fachrichtung Garten- und Landschaftsbau** mit seinem in Tausenden von Jahren angesammeltem gärtnerischen Wissen, gepaart mit dem Wissen aus zahlreichen anderen Berufen wie Straßenbauer, Pflasterer, Maurer, Steinmetz, Betonbauer, Installateur oder Zimmermann weist einen großen spezifischen Wortschatz auf. Fachliche Kommunikation setzt Kenntnis und Sicherheit in der Benutzung der geläufigsten Fachbegriffe voraus. Aufbauend auf das **Wort-Check „Fachbegriffe des Gartenbaus"** mit seinen mehr als 2000 gärtnerischen Fachbegriffen aus den Bereichen Botanik, Bodenkunde, Pflanzenernährung, Pflanzenschutz, Technik und Wirtschaftskunde, vermittelt das **Wort-Check „Fachbegriffe des Garten- und Landschaftsbaus"** die spezifischen Fachbegriffe dieser umfangreichen und vielfältigen Sparte des Gartenbaus.

Mit der Erklärung von mehr als 2000 Fachbegriffen aus den Bereichen **Objektplanung**, **bautechnische und vegetationstechnische Maßnahmen** sowie **betriebliche Zusammenhänge** hilft Ihnen dieses Kurznachschlagewerk beim **Aufbau eines fachspezifischen Wortschatzes**, der es Ihnen ermöglicht **Fachgespräche** in der Fachrichtung Garten- und Landschaftsbau zu führen und zu beherrschen.

Die **Fachbegriffe** sind thematisch und innerhalb des Themas alphabetisch geordnet. Dadurch stehen die einzelnen Begriffe im fachlichen Zusammenhang. Entsprechend können z. B. die wichtigsten Fachbegriffe eines Themas parallel zum Unterricht, z. B. zum Thema Wegebau, Blumenwiese, Teich- oder Rasenbau, angeeignet und kurz vor einer Klassenarbeit schnell wiederholt werden. Dort, wo erforderlich, wird neben der **Bedeutung des Fachbegriffs** auch eine kurze **fachliche Erklärung** gegeben. Zusätzlich ermöglicht das **alphabetische Fachwortverzeichnis** am Ende des Buches das einfache **Auffinden eines Begriffs**.

Somit können die **„Fachbegriffe des Garten- und Landschaftsbaus"** in zweifacher Weise verwendet werden:

- Zur **systematischen Überprüfung der wichtigsten Fachbegriffe eines Themas** und
- als **lexikalisches Nachschlagewerk** zur Klärung bestimmter Fachbegriffe.

Folglich eignet sich das Buch in idealer Weise für Schule, Studium und Beruf, wenn es mal wieder darum geht, Fachbegriffe aus dem Wissens- und Tätigkeitsgebiet des Gärtners/der Gärtnerin der **Fachrichtung Garten- und Landschaftsbau** zu trainieren.

Weil auch Wort-Check-Schreiber nur Menschen sind, die manchmal mit ihren Bedeutungserklärungen haarscharf daneben liegen können, bin ich Ihnen für Hinweise, Verbesserungen und Anregungen dankbar.

Allen Leserinnen und Lesern viel Spaß und Erfolg beim Lernen, Erweitern oder auch nur Auffrischen ihrer Fachsprache auf dem Gebiet des Garten- und Landschaftsbaus.

September 2009 Holger Seipel

# Inhaltsverzeichnis

# 1 Geschichte der Gartenkunst

**Altertum** Zeitraum zwischen Mitte 4. Jahrtausend bis 6./7. Jahrhundert v. Chr. (Mittelalter).

**Antike** das klassische Altertum (griechisch-römisches Altertum, 12./8. Jahrhundert v. Chr. bis 6. Jahrhundert n. Chr.) und seine Kultur.

**asiatische Gärten** chinesische und japanische Form der Gartengestaltung. Planung und Anlage von Gärten erfolgt vor religiös-philosophischem Hintergrund. Die Natur bzw. eine Landschaft wird im Kleinen abgebildet (Miniaturlandschaften).

**Barockgärten** Gartenstil mit streng geometrischer Form und symmetrischem Grundriss, künstlerische Gestaltung, Prunk und strenger Trennung von der natürlichen Umgebung (z. B. Großer Garten von Hannover-Herrenhausen). Vorbilder waren die → römischen Gärten.

**Bauerngarten** naturnaher Garten mit Jahrtausende alter Geschichte. Kennzeichen sind eine streng formale Aufteilung des Gartens in geometrische, von geschnittenem Buchsbaum eingefasste Formen und dem kunterbunten Nebeneinander von Gemüse, Kräutern und Blumen.

**Betrachtungsgarten** eine der drei wesentlichen japanischen Gartenvariationen. Für viele der Inbegriff des japanischen Gartens. Der Garten ist von einem Punkt aus überschaubar bzw. verwinkelte Gärten werden auf Pfaden aus Trittsteinen durchschritten. Häufig nur wenige Quadratmeter groß. Dient vor allem der Meditation.

**Bonsai** ein in einer Schale gepflanzter Baum (Bon = Schale, Sai = Baum).

**botanische Gärten** Gärten, in denen einheimische und ausländische Pflanzen zu Lehr- und Forschungszwecken gezogen werden. Die ersten botanischen Gärten entstanden im 16. Jahrhundert.

**chinesische Gärten**

chinesische Form der Gartengestaltung. Planung und Anlage von Gärten erfolgt auf Grundlage von Tradition und Philosophien des 5. Jahrhunderts v. Chr., dem Taoismus (Harmonie mit der Natur) und dem Konfuzianismus (Betonung von Riten und Pflichten). → asiatische Gärten

**englischer Garten/ Gartenstil**

ist ein Natur-/Landschaftsgartenstil. Bei ihm herrscht nicht die Kunst, sondern die Natur im Garten vor. Sie ist das Vorbild für die Gartengestaltung. Statt Regelmäßigkeiten findet man geschlängelte Wege, naturnahe Wasserläufe und Teiche sowie willkürlich eingestreute Baumgruppen. Die umgebende Landschaft wird bei der Gartenplanung mit einbezogen.

**Feng-Shui**

chinesische Kunst der harmonischen Lebens- und Wohnraumgestaltung. Grundlage ist die Vorstellung, dass Ströme von „Lebensgeist" oder „kosmischem Atem" durch den Boden verlaufen, die die Geschicke der Menschen, je nachdem, wie ihr Haus im Hinblick z. B. auf Wind (feng) und Wasser (shui) ausgerichtet ist, beeinflussen.

**fernöstliche Gärten**

→ chinesische und → japanische Gärten.

**französischer Gartenstil**

Gartenstil der französischen Barockzeit (auch zur Zeit des Rokoko). Entstanden während der Herrschaft Ludwigs XIV., des Sonnenkönigs, stellt er eine Entwicklungsstufe des Renaissancestils dar. → Barockgärten.

**Gärten des Mittelalters**

das Bürgertum lebte innerhalb der Gräben und Ringmauern der Städte. Die entsprechend kleinen Gärten dienten in erster Linie der Küche und dem Anbau von Arzneipflanzen. Größere Gärten befanden sich vor den Städten. Während des Mittelalters waren die Klöster Träger der Gartenkultur, in denen vor allem Nutz- und Heilpflanzen kultiviert wurden.

**Gartengestaltung**

in der Gestaltung von Gärten gibt es verschiedene → Stile. Ist der Mode unterworfen.

**Gartenkultur**

entstand vermutlich mit dem Sesshaftwerden der Menschen, erste Nachweise einer hoch entwickelten Gartenkultur in Form von Beschreibungen und Aufzeichnungen

(Wandmalereien, Überlieferungen) stammen aus dem Altertum (um 3000 v. Chr).

**Gartenkunst** sie wird üblicherweise in drei Hauptstile unterschieden: den italienischen, den französischen und den englischen Gartenstil.

**Gartenkunst des 19. Jahrhunderts** kennzeichnend für diese Zeitepoche ist die Verschmelzung der zwei grundsätzlichen Stilrichtungen, dem → geometrischen/regelmäßigen und dem → natürlichen/landschaftlichen Stil.

**Gartenstile** typische Art und Weise der Gartengestaltung. Für einen neuen → Stil übernimmt stets ein Land, von dem dieser ausgeht, die Führung. Die Benennung kann dann nach diesem Land erfolgen → italienischer, → französischer, → englischer Gartenstil. → Stil.

**geometrischer/regelmäßiger Stil** eine der zwei grundsätzlichen Stilrichtungen, dazu gehören der → italienische und der → französische Gartenstil. Kennzeichen sind streng geometrische Formen und symmetrische Grundrisse.

**Hängende Gärten der Semiramis** Semiramis war eine assyrische Königin, Ende 9./Anfang 8. Jh. v. Chr., die Hängenden Gärten zählen zu den sieben Weltwundern der Antike. Es handelt sich dabei um terrassenförmig angelegte und mit einem Wasserhebewerk bewässerte Dachgärten.

**italienischer Gartenstil** auch als Gartenstil der → Renaissance bezeichnet. Bezeichnend für eine geistige Bewegung, die von Italien ausging. In freier Nachempfindung, mit zeitgemäßen Änderungen, wurde die Gartengestaltung der → Antike wiederbelebt. Architektur und Garten wurden als gemeinsames Kunstwerk gesehen. Im Vordergrund stand die Schönheit der Gärten.

**japanischer Garten** häufig kleiner als der chinesische Garten, ist weniger ein Lebensraum als vielmehr ein Blickraum (→ Betrachtungsgarten). Er bietet dem Betrachter in erster Linie Blickpunkte. Zwischen Garten und Natur besteht keine Abgrenzung, sodass der Garten ohne sichtbare Grenze in die Natur übergeht. Wichtige Gestaltungselemente sind Wasser (wenn dies fehlt, wellenlinig geharkter Sand) und Steine als Berge (Inseln). Der japanische Garten gleicht einem Gemälde mit vorgetäuschter Tiefe (bei entsprechender Größe, z. B. in Landschaftsparks, auch echte Tiefe). In der Beschränkung auf das Wesentliche liegt die Perfektion. Entsprechend werden auch Pflanzen nur sehr spärlich verwendet. Manche Gärten haben kaum etwas Grünes. Jedes Detail hat eine sinnbildliche Bedeutung. → japanischer Landschaftspark, → Betrachtungsgarten und → Teegarten.

**japanischer Landschaftspark** – eine der drei wesentlichen japanischen Gartenvariationen; ähnelt den englischen Landschaftsgärten (→ englischer Garten/Gartenstil). Beim Durchschreiten auf verschlungen verlaufenden Wegen entsteht eine Abfolge von immer wieder neuen Eindrücken, wie bei einem zusammengerollten Bild, das man langsam abrollt.

**Klostergärten** – wurden seit dem Mittelalter von den Mönchen des Klosters angelegt und unterhalten. Von ihnen ging die Verbreitung gärtnerischen Wissens aus. → Gärten des Mittelalters.

**Mittelalter** – Zeitraum zw. 400–1500 n. Chr.

**natürlicher/landschaftlicher Stil** – eine der zwei grundsätzlichen Stilrichtungen, z. B. der → englische Gartenstil.

**Renaissance** – 14. bis 16. Jh., in der Gestaltung Rückbesinnung auf die → Antike

**römische Gärten** – Gärten reicher Römer (400 v. Chr. – 400 n. Chr.), die nach künstlerischen Gesichtspunkten mit dem Trend zum Luxuriösen angelegt wurden. Sie waren Vorbild der → Barockgärten.

**Schreber, Daniel Gottlob** – Begründer der → Schrebergärten, Arzt, lebte 1806–1881.

**Schrebergärten** – kleine Gärten, die bei uns um 1864 am Rande der Städte entstanden und vor allem als Nutzgärten dienten. → Schreber

**Stil**

die jeweilige Eigenart der künstlerischen Auffassung und der technischen Ausführung; Kennzeichen sind typische, wiederkehrende, relativ gleich bleibende und allgemeine Merkmale. → Gartenstile

**Stilrichtungen**

ergeben sich aus verschiedenen Gestaltungsauffassungen zu verschiedenen Zeiten. Dabei lassen sich zwei grundsätzlich verschiedene Stilrichtungen unterscheiden, der → geometrische oder regelmäßige Stil und der → natürliche oder landschaftliche Stil.

**Teegärten**

entstanden im 12. Jahrhundert in Japan; der Garten umrahmt ein Teehaus/einen Teepavillon. Trittsteine über den mit Moosen, Farnen und anderen kleinen Pflanzen bedeckten Boden verbinden die verschiedenen Elemente des Gartens wie Eingangstor, Bänke, Brunnen und Wasserbecken. Zur Beleuchtung der Wege dienen Laternen.

**Trockenlandschaftsgarten**

Bezeichnung für einen wasserlosen Garten in Japan, in dem Wasser durch Sand oder Kiesel (z. B. weißer Quarzsand in Furchen geharkt symbolisiert Wellen) ersetzt wird. Steinmaserungen oder senkrechte Steine stehen für Wasserfälle oder Felsklippen, waagerechte Steine verkörpern Brücken, Uferböschungen oder Boote. Ein Fluss wird durch den ebenen Boden dargestellt. Häufig sind diese Gärten nur wenige Quadratmeter groß.

# 2 Berufsbildung

## 2.1 Berufsständische Einrichtungen

**AuGaLa** — Ausbildungsförderungswerk des GaLabaus; zur Förderung der Ausbildungsbereitschaft der Betriebe (finanzielle Unterstützung) und der fachlichen Qualifikation der Auszubildenden (überbetriebliche Ausbildung).

**BGL** — Bundesverband Garten-, Landschafts- und Sportplatzbau; vertritt die Interessen der GaLaBau-Unternehmen auf Bundesebene.

**DGB** — Deutscher Gewerkschaftsbund; Dachverband, in dem sich die Gewerkschaften zusammengeschlossen haben; koordiniert und vertritt die gemeinsamen Interessen der Einzelgewerkschaften gegenüber Wirtschaft, Staat und Gesellschaft.

**IG Bau** — Industriegewerkschaft Bauen-Agrar-Umwelt; vertritt die Interessen der Arbeitnehmer.

**ver.di** — Vereinte Dienstleistungsgewerkschaft; vertritt die Interessen für im öffentlichen Dienst tätige Arbeitnehmer.

**ZVG** — Zentralverband Gartenbau, ist die Dachorganisation der gartenbaulichen Unternehmen.

## 2.2 Berufliche Fort- und Weiterbildung

**Abitur** — allgemeine Hochschulreife, berechtigt zum Studium an allen Fachhochschulen und Hochschulen (Universitäten).

**Agrarbetriebswirt/-in, staatlich geprüfte(r)** — früher Techniker(in), Abschluss nach dem erfolgreichen Besuch einer zweijährigen Fachschule. Haupttätigkeitsfeld liegt im mittleren Management zwischen den Tätigkeitsbereichen des Meisters und des Ingenieurs („Mittler zwischen Baustelle und Büro").

**allgemeine Hochschulreife** → Abitur

**Bachelor** unterster akademischer Grad

**Bachelor of Engineering** Abschluss in den Ingenieurwissenschaften; Abk. B. Eng.

**Bachelor of Science** Abschluss in den Natur-, Ingenieur- oder Wirtschaftswissenschaften; Abk. B. Sc.

**Berufsschullehrer/-in** Lehrer(in) an berufsbildenden Schulen, z. B. Berufsschulen, Fachschulen, Fachoberschulen, Berufsoberschulen. Vorbildung: Masterstudium → Master (1. Staatsexamen) und 24 Monate Referendarzeit → Prüfung zum Assessor (2. Staatsexamen).

**Betriebswirt(in)** → Agrarbetriebswirt/-in

**BOS** **B**erufs**o**ber**s**chule

**DGV** **D**eutscher **G**olf**v**erband

**Dipl.-Ing.** Diplom-Ingenieur(in), Führungsaufgaben, leitende Tätigkeit in Forschung, Lehre und Verwaltung. Diplom-Studiengänge gibt es ab dem Jahre 2010 nicht mehr.

**Dissertation** Doktorarbeit; wissenschaftliche Arbeit, die zur Erlangung eines Doktortitels angefertigt werden muss.

**DRG** **D**eutsche **R**asen**g**esellschaft

**einjährige Fachschule/Meisterschule** Abschluss: Staatlich geprüfte Wirtschafterin/staatlich geprüfter Wirtschafter der Fachrichtung Garten-, Landschafts- und Sportplatzbau.

**ELCA** **E**uropean **L**andscape **C**ontractors **A**ssociation (Gemeinschaft des Europäischen Garten-, Landschafts- und Sportplatzbaus). Fördert den europäischen Austausch junger Landschaftsgärtner/-innen.

**Fachabitur**
fachgebundene Hochschulreife, berechtigt zum Studium an Fachhochschulen aller Fachrichtungen und den Universitäten (Hochschulen) der gewählten Fachrichtung.

**Fachagrarwirt/-in Baumpflege und Baumsanierung**
Abschluss einer Fortbildung (z. B. über 8 verlängerte Wochenenden), Aufgaben: Erkennen und Erfassen von Baumschäden und deren Ursachen; Beurteilung der Sanierungswürdigkeit und -möglichkeit; Kostenkalkulation; Durchführung von Pflege- und Sanierungsmaßnahmen.

**Fachagrarwirt/-in Golfplatzpflege**
→ Greenkeeper

**Fachhochschule**
bietet praxisbezogene, berufsqualifizierende Bachelor- und anwendungsorientierte Masterstudiengänge. Auf mindestens sechssemestrige Bachelor-Studiengänge bauen viersemestrige Master-Studiengänge auf.

**Fachhochschulreife**
Abschluss an einer Fachoberschule. Berechtigt zum Studium an Fachhochschulen aller Fachrichtungen und zum Besuch jeder Schule im Sekundarbereich II.

**Fachschulreife**
mittlerer Bildungsabschluss, entspricht Realschulabschluss/Sekundarabschluss I.

**FOS**
**F**ach**o**ber**s**chule

**GaLabau**
Abk. für **Ga**rten- und **La**ndschafts**bau**.

**Gärtner/-in**
Berufsbezeichnung nach einer Gärtnerlehre bei erfolgreich bestandener Abschlussprüfung.

**Greenkeeper/-in**
engl. Fachagrarwirt für Golfplatzpflege; Aufgaben: Entwicklung, Pflege und Unterhaltung von Golfplätzen.

**GVD**
**G**reenkeeper **V**erband **D**eutschland.

**Head-Greenkeeper/-in**
Chef-Greenkeeper/-in; Aufgaben: Platzmanagement (Personalführung, Planung und Koordinierung der Arbeiten), wobei er mit Platzwart, Spielführer und Clubmanager zusammenarbeitet.

| | |
|---|---|
| **Hochschule** | bietet eher theoretisch ausgerichtete Bachelor- und wissenschaftliche Masterstudiengänge an; Abschluss: Bachelor bzw. Master, auf mindestens sechssemestrige Bachelor-Studiengänge bauen viersemestrige Master-Studiengänge auf. |
| **IGA** | **I**nternational **G**reenkeeper **A**ssociation. |
| **Landschafts-architekt(in)** | nach mindestens zweijähriger Berufspraxis nach dem Studium kann im GaLabau die Berufsbezeichnung „Landschaftsarchitekt(in)" durch die Architektenkammer verliehen werden. |
| **Master** | akademischer Grad |
| **Master of Engineering** | Abschluss in den Ingenieurwissenschaften; Abk. M. Eng. |
| **Master of Science** | Abschluss in den Natur-, Ingenieur- oder Wirtschaftswissenschaften, Abk. M. Sc. |
| **Meister/-in** | Titel nach der Prüfung vor der Landwirtschaftskammer, i. d. R. nach Besuch einer einjährigen Fachschule („Meisterschule"); Tätigkeitsschwerpunkte: Arbeitsabwicklung auf der Baustelle, Bauleitung kleiner bis mittlerer Baustellen, Ausbildung der Auszubildenden. |
| **Natur- und Landschaftspfleger** | Abschluss einer Fortbildung; betreut und pflegt Naturschutzgebiete und ist für die Information, Aufklärung und Führung von Besuchergruppen zuständig. |
| **Promotion, promovieren** | Erlangung/Verleihung des akademischen Grades „Doktor(in)". |
| **Sekundarbereich I** | umfasst Hauptschule, Realschule, Gymnasium und Gesamtschule. |
| **Sekundarbereich II** | umfasst gymnasiale Oberstufe und berufliche Schulen in Vollzeit- und Teilzeitform. |
| **Semester** | Studienhalbjahr |
| **Techniker/-in** | → Agrarbetriebswirt/-in |

**Universität** → Hochschule

**zweijährige Fachschule** „Technikerschule“, Abschluss: staatlich geprüfter Techniker(in) bzw. Agrarbetriebswirt(in) der Fachrichtung Garten-, Landschafts- und Sportplatzbau.

# 3 Objektplanung

## 3.1 Auftragsabwicklung

### 3.1.1 Rechtliche Grundlagen

| | |
|---|---|
| **Arbeiten an sonstigen Sachen** | steht für Arbeiten am Grundstück (vegetationstechnische Arbeiten), z. B. Pflanzung, Rasenansaat, Fertigrasen verlegen. |
| **Arbeitsvertrag** | Form des Dienstvertrags; der Arbeitnehmer verpflichtet sich zur Leistung von Diensten, der Arbeitgeber verpflichtet sich zur Entlohnung der Tätigkeit. |
| **ATV** | **A**llgemeine **T**echnische **V**ertragsbedingungen; Teil C der → VOB; enthält einen Katalog von DIN-Normen über die Normalausführung der Bauleistungen. |
| **Auftraggeber** | jemand, der einen Auftrag vergibt. |
| **Auftragnehmer** | jemand, der einen Auftrag durchführt. |
| **Bauwerksarbeiten** | bautechnische Arbeiten, z. B. Erstellung einer Terrasse, eines Weges, einer Garagenauffahrt. |
| **BGB** | **B**ürgerliches **G**esetz**b**uch; ist die gesetzliche Grundlage eines Vertrags, wenn nicht die → VOB vereinbart wurde. |
| **Dienstvertrag** | ein Vertrag, bei dem die Arbeit als solche (das bloße Tätigwerden) geschuldet wird. Die bekannteste Form des Dienstvertrages ist der so genannte → Arbeitsvertrag. |
| **DIN-Normen** | vom **D**eutschen **I**nstitut für **N**ormung erarbeitete Normen. Sie sind von Fachleuten erarbeitet und geben z. B. im GaLabau Auskunft über die Normalausführung der Bauleistungen. |
| **Gefahrenübergang** | der Zeitpunkt, zu dem das Risiko, dass eine Bauleistung zerstört oder beschädigt wird, vom Auftragnehmer auf den Auftraggeber übergeht. |

| | |
|---|---|
| **gemischter Auftrag** | beinhaltet → Arbeiten an sonstigen Sachen und → Bauwerksarbeiten. |
| **halböffentliche Auftraggeber** | Auftraggeber, die ihren Auftrag z. T. aus öffentlichen Mitteln finanzieren, z. B. Wohnungsbaugesellschaften, Sportvereine, Gemeindeverbände. |
| **öffentliche Auftraggeber** | Auftraggeber, die ihre Aufträge aus öffentlichen Mitteln finanzieren; z. B. Bund, Länder, Gemeinden, Garten- und Friedhofsämter, Städte, Landkreise. |
| **private Auftraggeber** | Auftraggeber, die ihre Aufträge aus eigenen Mitteln finanzieren, z. B. Privatkunden, Unternehmen. |
| **Subunternehmer** | ein Unternehmen (Nachunternehmen, Drittunternehmen), das für ein anderes Unternehmen einen Teil der Leistungen aus einem Auftrag übernimmt. |
| **Verjährungsfrist für Mängelansprüche** | gibt die Zeit an, nach deren Ablauf Forderungen auf Grund von Mängeln nicht mehr durchgesetzt werden können. |
| **VOB** | **V**ergabe und Vertrags**o**rdnung für **B**auleistungen. |
| **VOB Teil A** | Teil der VOB, der sich mit den „Allgemeinen Bestimmungen zur Vergabe von Bauleistungen" befasst. |
| **VOB Teil B** | Teil der VOB, der die „Allgemeinen Vertragsbedingungen für die Ausführung von Bauleistungen" enthält. |
| **VOB Teil C** | Teil der VOB, der die „Allgemeinen Technischen Vertragsbedingungen für Bauleistungen" enthält. |
| **Werkvertrag** | kommt zustande, wenn das BGB Rechtsgrundlage für den Vertrag ist. Der Auftragnehmer (der Unternehmer) verpflichtet sich zur Herstellung des vereinbarten Werks und der Auftraggeber (der Kunde) zur Entrichtung der vereinbarten Vergütung. |
| **ZTV** | **Z**usätzliche **T**echnische **V**ertragsbedingungen; von der Forschungsgemeinschaft Landesentwicklung Landschaftsbau e. V. erarbeitete Regelwerke, die zusätzlich zu den DIN-Normen gelten (z. B. ZTV Großbaumverpflanzung). |

### 3.1.2 Ausschreibung

**Ausschreibung** Aufforderung zur Einreichung von Angeboten bei der Vergabe von Aufträgen.

**beschränkte Ausschreibung** ist auf einen bestimmten Kreis von Unternehmen begrenzt, die direkt angeschrieben und zur Abgabe eines Angebotes aufgefordert werden.

**besondere Leistungen** im Leistungsverzeichnis aufgeführte Leistungen, die gesondert abgerechnet werden.

**freihändige Vergabe** die Aufträge werden ohne ein förmliches Verfahren vergeben.

**Leistungsverzeichnis** eine Zusammenstellung der Arbeiten in Art und Umfang, die bei der Ausführung des Bauwerks anfallen.

**Nebenleistungen** sind Leistungen, die nicht gesondert abgerechnet werden können. Sie müssen nicht im Vertrag stehen.

**öffentliche Ausschreibung** Interessenten werden über Zeitung, amtliche Veröffentlichungsblätter oder Fachzeitschriften aufgefordert, fristgerecht Angebote einzureichen. Die Ausschreibungsunterlagen werden öffentlich ausgelegt oder gegen Gebühr ausgegeben bzw. zugesandt.

**Regiearbeiten** sind Leistungen, die nicht im Leistungsverzeichnis vereinbart worden sind. Sie sind schriftlich vom Auftraggeber zu genehmigen und werden gesondert abgerechnet.

**Submission** die Angebotseröffnung. Die bis dahin eingegangenen und verschlossenen Angebote werden geöffnet, Name und Anschrift des Bieters sowie der Endpreis werden verlesen.

**Submissionstermin** Zeitpunkt der → Submission.

**Zuschlag** einen Auftrag erhalten.

**Zuschlagsfrist** gibt die Zeit an, während der ein Bieter an sein Angebot gebunden ist (normalerweise zwischen 2 und 4 Wochen).

### 3.1.3 Auftragsdurchführung

| | |
|---|---|
| **Baustellenbegehung** | Prüfung der Örtlichkeiten auf der Baustelle. |
| **Baustellenvorbesprechung** | Besprechung mit dem Auftraggeber oder seinem Beauftragten (z. B. dem Landschaftsarchitekten) vor Baubeginn zur Klärung noch offener Fragen. |
| **Bauzeitenplan** | Plan, aus dem die zeitliche Abfolge und Dauer der einzelnen Arbeiten und ggf. der jeweilige Arbeitskräfte- und Maschineneinsatz zu ersehen ist. |
| **Bedenken/Einwände** | des Auftragnehmers hinsichtlich z. B. der durchzuführenden Arbeiten, der Anordnungen des Auftraggebers oder der Güte gelieferter Materialien müssen schriftlich und unverzüglich angemeldet (dem Auftraggeber bzw. seinem Vertreter vorgelegt) werden. |
| **Begehungsprotokoll** | in schriftlicher Form, ggf. ergänzt durch Fotoaufnahmen, wird der Baustellenzustand festgehalten. |
| **einschlagen von Pflanzen** | es werden Gräben ausgehoben, in die die Pflanzen mit ihren Wurzeln eingestellt werden. Nach dem Anfeuchten werden die Gräben zugeschaufelt, sodass die Wurzeln locker mit Erde bedeckt sind. Anschließend wird leicht angetreten und ggf. eingeschlämmt. |
| **Einschlagplatz** | Platz, an dem Pflanzen eingeschlagen werden. |
| **Kronentraufe** | ist der Bereich, der sich ergibt, wenn man die Außenseiten einer Baumkrone senkrecht auf den Erdboden projiziert. |
| **Rammbär** | ein genormtes Fallgewicht → Rammsondierung. |
| **Rammsondierung** | Überprüfung der Verdichtung des Bodens: der so genannte → Rammbär, treibt bei vorgegebener Fallhöhe eine genormte Sonde in den Boden. Aufgezeichnet wird die Anzahl der Schläge, die für jeweils 10 cm Eindringtiefe notwendig waren ($n_{10}$). Je weniger Schläge, desto schlechter die Verdichtung. |
| **Versorgungsleitungen** | Leitungen für Strom, Gas, Wasser, Telefon. |

**Wurzelbereich** → Kronentraufe plus 1,50 m, bei Säulenformen plus 5,0 m nach allen Seiten.

### 3.1.4 Abnahme

**Abnahme** Entgegennahme der Bauleistung. Sie ist verbunden mit der Anerkennung der Leistungen durch den Auftraggeber.

**Abnahme durch Benutzung** Abnahme dadurch, dass der Auftraggeber die Leistung oder einen Teil der Leistung in Benutzung genommen hat und sechs Werktage verstrichen sind.

**Abschlagszahlungen** sind Teilzahlungen einer Verbindlichkeit. Die Bezahlung erfolgt so, dass der Auftraggeber nach einzelnen Bauabschnitten einen Teilbetrag in Höhe des Wertes der jeweils nachgewiesenen Leistungen zahlt.

**Bankbürgschaft** Form der Sicherheit, z. B. als Gewährleistungsbürgschaft. Falls die gelieferte Leistung nicht die zugesicherten Eigenschaften besitzt oder Mängel aufweist, haftet das Kreditinstitut gegenüber dem Auftraggeber in Höhe des verbürgten Betrags.

**fiktive Abnahme** → stillschweigende Abnahme, → Abnahme durch Benutzung.

**förmliche Abnahme** Abnahme, die stattfindet, wenn eine der Vertragsparteien es verlangt. Auftragnehmer und -geber führen eine gemeinsame Begehung/Prüfung durch.

**Gefahrenübergang** der Zeitpunkt, zu dem das Risiko, dass eine Bauleistung zerstört oder beschädigt wird, vom Auftragnehmer auf den Auftraggeber übergeht.

**Gewährleistungsfrist** Zeit der Mängelansprüche, Auftragnehmer muss Mängel in dieser Zeit auf seine Kosten beseitigen.

**Schlussrechnung** erfolgt nach Fertigstellung der Gesamtleistung.

**Sicherheitsleistungen** dienen dazu, die vertragsgemäße Ausführung der Leistung und die Gewährleistung sicherzustellen. Es ist üblich, dass eine Sicherheit in Höhe von 5 % (max. 10 %) der Schlussrechnungssumme gefordert wird.

**stillschweigende Abnahme** Abnahme, die zustande kommt, wenn innerhalb von 12 Werktagen nach schriftlicher Mitteilung über die Fertigstellung der Leistung keine förmliche Abnahme durch den Auftraggeber verlangt wird.

**Umkehr der Beweislast** nach Abnahme muss der Auftraggeber beweisen, dass ein Baumangel vom Auftragnehmer verursacht wurde. Vor der Abnahme muss der Auftragnehmer beweisen, dass er mängelfrei geleistet hat.

**Verjährungsfrist** innerhalb dieser Zeit hat der Auftraggeber nach Abnahme einen Mängelanspruch.

**Wandlung** Rückgängigmachung des Vertrages bei Nicht-Beseitigen eines schwerwiegenden Mangels.

## 3.2 Baumfällarbeiten

**Auspuffabschirmung** Schutzfunktion an der Motorsäge: Schutz vor Verbrennungen.

**Bruchleiste** ist der Teil des nicht durchgesägten Stammes, der zwischen dem Ende des → Fällschnitts und dem Ende der → Fallkerbsohle liegt. Sie sollte mindestens 1/10 des Stammdurchmessers betragen. Die Bruchleiste ist wichtig für eine sichere Fällarbeit. Sie wirkt wie ein Drehgelenk. Wenn sie durchtrennt wird, fällt der Baum unkontrolliert.

**Bruchstufe** der senkrechte Abstand zwischen dem → Fällschnitt und der → Fallkerbsohle. Sie sollte mindestens 1/10 des Stammdurchmessers betragen.

**Fällbereich** ist der in Fallrichtung weisende Kreisausschnitt, der sich aus der zweifachen Baumlänge und der dreifachen Kronenbreite ergibt, mindestens aber einen Sektor von 45° umfasst. In ihm darf sich außer dem Sägeführer niemand aufhalten.

**Fällschnitt** Schnitt zum Fällen eines Baumes. Er wird von der gegenüberliegenden Seite des → Fallkerbes waagerecht und höher liegend als die → Fallkerbsohle durchgeführt, sodass eine → Bruchstufe entsteht.

**Fallbereich/Gefahrenbereich** ist der Bereich, der sich ergibt, wenn um den zu fällenden Baum ein Kreis mit dem Radius der zweifachen Baumlänge gezogen wird. Hier dürfen sich nur die mit dem Fällen beschäftigten Personen aufhalten.

**Fallkerb** in den Stamm geschnittene Kerbe. Sie besteht aus der waagerecht geschnittenen Fallkerbsohle (Tiefe 1/5 bis 1/3 des Stammdurchmessers) und dem mit einer Neigung von 30° bis 45° geschnittenen Falkerbdach. Sie soll dem Baum die gewünschte Fallrichtung geben.

**Fallkerbdachneigung** → Fallkerb

**Fallkerbsohle** → Fallkerb

**Gashebelsperre** Schutzfunktion an der Motorsäge: Verhindert unbeabsichtigtes Anlaufen der Sägekette.

**Gefahrenbereich** → Fallbereich

**GS-Zeichen** Zeichen für **g**eprüfte **S**icherheit.

**Kettenbremse** Schutzfunktion an der Motorsäge: Sorgt für sofortigen Stillstand der Kette.

**Kettenfang** Schutzfunktion an der Motorsäge: Schutz bei Kettenriss.

**Kettenschutz** Schutzfunktion an der Motorsäge: Schutz der Kette.

**Krallenanschlag** Schutzfunktion an der Motorsäge: Gewährleistet eine sichere Schnittführung.

**Kronentraufe** ist der Bereich, der sich ergibt, wenn man die Außenseiten einer Baumkrone senkrecht auf den Erdboden projiziert.

**Schutzausrüstung** eng anliegende Kleidung, Schutzhelm mit Gehör- und Gesichtschutz, Arbeitshandschuhe, Arbeitshose mit Schnittschutzeinlagen, Sicherheitsschuhe mit Schnittschutzeinlagen, Warnkleidung (z. B. Warnweste) bei Arbeiten im öffentlichen Bereich.

**Stammabfluss** der Anteil des Niederschlags, der von der Baumkrone zum Stamm abgeleitet wird und an ihm entlang nach unten abfließt.

**Wurzelbereich** Kronentraufe plus 1,50 m, bei Säulenformen plus 5,0 m nach allen Seiten.

# 4 Vermessungstechnik

## 4.1 Lagemessung

**Abmarkung** das Neusetzen verschobener oder nicht mehr auffindbarer Grenzsteine.

**abstecken** das Übertragen von Planmaßen in das Gelände.

**Abszisse** gerade Grundlinie (Meßlinie) beim Koordinatenverfahren, auf die alle zu messenden Punkte abgelotet werden.

**Altgrad** Einteilung des Vollkreises in 360 Teile. 1 Vollkreis = 360 Grad (360°), 1° = 60 Minuten (60'), 1 Minute = 60 Sekunden (60").

**Aufmaß** Aufmessungen zur Erfassung und Abrechnung von Bauleistungen sowie zur Erstellung von Angeboten. Es wird immer die tatsächliche Länge gemessen.

**Bandmaß** Hilfsmittel zur Strecken-/Flächenmessung. Bandmaße bestehen aus Stahl oder Kunststoff und weisen Längen von 10 bis 50 m auf. Am Ende sind sie in einem Aufrollrahmen mit Kurbel befestigt (Rollbandmaße).

**cgon** → Zentigon

**Doppelpentagon** Hilfsmittel zur Absteckung rechter Winkel. Besteht aus zwei übereinander angeordneten fünfseitigen Prismen (Pentagone). Zwischen den beiden Spiegeln befindet sich eine freie Durchsicht.

**Dreieck** Fläche mit drei Seiten, die sich in drei Ecken schneiden.

**Dreiecksverfahren** Verfahren zum Aufmessen von Grundstücken: Fläche in Dreiecke aufteilen, auf den Grundlinien der einzelnen Dreiecke Höhen errichten, die Flächen der einzelnen Dreiecke berechnen und addieren.

**Durchmesser** → Sehne, die durch den Mittelpunkt eines Kreises geht.

**EDV** — elektronische Datenverarbeitung

**einfluchten** — in die Gerade zwischen zwei Fluchtstangen weitere Fluchtstangen einweisen.

**Einfluchtender/ Beobachter** — der, der beim Fluchten den Meßgehilfen einweist.

**elektronische Entfernungsmessung** — Messprinzip beruht auf elektromagnetischen Wellen (Infrarot- oder Lichtstrahlen), die in gebündelter Form von einem Sender-Empfänger-Gerät abgestrahlt und von einem Reflektor, einem auf einem Stab befestigten Glasprisma (Prismenstab), zurück zum Ausgangspunkt reflektiert werden, wo sie der Empfängerteil des Gerätes wieder auffängt. Aus der Zeit, die die Wellen benötigen, um vom Anfangs- zum Endpunkt der Messstrecke und zurück zu gelangen, berechnet ein Laufzeitmesser die Entfernung.

**Feldbuch** — Bezeichnung für die im Gelände gemachten Aufzeichnungen.

**Fläche** — entsteht, wenn man mehrere Eckpunkte miteinander verbindet. Sie hat zwei Dimensionen: Länge und Breite.

**Flucht** — ist eine gerade Linie, von der aus alle weiteren Vermessungen durchgeführt werden.

**fluchten** — Erstellen einer → Flucht.

**Fluchtstäbe/ Fluchtstangen** — im Abstand von 50 cm abwechselnd weiß oder rot lackierte Stäbe zum Abstecken einer → Flucht.

**gestreckter Winkel** — Winkel mit 180° (zwei rechte Winkel).

**Gitterverfahren** — → Schachtmeisterbogen

**gleichseitiges Dreieck** — ein Dreieck mit gleich langen Seiten.

**Gliedermaßstab/ Zollstock** — Messgerät zur Streckenmessung meist bis 2 m.

**Gon** Einheit für Winkel, 1 gon = 100. Teil eines rechten Winkels. Bruchteile sind: Zentigon (cgon) und Milligon (mgon), also 1/100 und 1/1000 gon.

**Grad** Einheit für Winkel, 1° = 90. Teil eines rechten Winkels.

**Gradmaß** gibt die Größe eines Winkels in Grad an (0° bis 360°).

**Grenzsteine** amtliche Vermessungspunkte. Am Kopf weisen sie ein Kreuz als Markierung auf.

**Handzeichen** spezielle Zeichen mit Händen und Armen zum Einfluchten von Fluchtstäben.

**Heron** Heron von Alexandria, griechischer Mathematiker des 1. Jh. n. Chr. (Altertum).

**Heron'sche Formel/ Satz des Heron**

$$A = \sqrt{s(s-a)(s-b)(s-c)};$$

$$s = \frac{a+b+c}{2}$$

→ Satz des Heron

**horizontal** waagerecht

**Horizontalmessung/ Horizontalprojektion** wenn die Entfernung zwischen zwei Punkten horizontal (waagerecht) gemessen wird, z. B. bei der → Lagemessung.

**Hypotenuse** in einem rechtwinkligen Dreieck die Seite c, die gegenüber dem rechten Winkel liegt.

**kartieren/Kartierung** Flächen oder Körper aus dem Gelände werden vermessen und zeichnerisch in einem Plan dargestellt.

**Katheten** in einem rechtwinkligen Dreieck die Seiten a und b, die die Schenkel des rechten Winkels bilden.

**Körper** besitzt drei Dimensionen: Länge, Breite und Höhe.

**Koordinatenverfahren** Verfahren zum Aufmessen von Grundstücken; alle zu messenden Punkte werden auf eine gerade Messlinie, die Grundlinie oder Abszisse, abgelotet, so dass Senkrechte entstehen. Die auf der Abszisse senkrecht stehenden Strecken werden als Ordinaten bezeichnet.

**Kreisabschnitt/Segment** die Fläche, die von einer → Sehne und dem zugehörigen → Kreisbogen begrenzt wird.

**Kreisausschnitt/Sektor** die Fläche, die von zwei Radien und dem zugehörigen Kreisbogen begrenzt wird („Tortenstück").

**Kreisbogen** ein Teil des Kreisumfangs.

**Kreisring** Fläche großer Kreis minus Fläche kleiner Kreis ergibt die Fläche Kreisring.

**Kunststoffbandmaß** → Bandmaß aus Kunststoff.

**Lagemessung** Feststellung der Lage einzelner Punkte zueinander. Die Entfernung zwischen zwei Punkten wird immer horizontal (waagerecht) gemessen.

**Lattenabschnitt** bei der → tachymetrischen Entfernungsmessung der Abschnitt zwischen dem oberen und unteren Faden des Nivelliergeräts auf der Nivellierlatte.

**Lattenrichter** Hilfsmittel um Fluchtstäbe auszuloten. Er besteht aus einer → Dosenlibelle (s. Kap. 4.2), die an einem Winkeleisen angebracht ist.

**Libelle** ein mit einer Flüssigkeit gefüllter Hohlkörper in dem sich eine Gasblase befindet. → Röhrenlibelle (s. Kap. 4.2), → Dosenlibelle (s. Kap. 4.2).

**Lot** → Schnurlot

**lotrecht** senkrecht

**Maßstäbe** geben das Maß der Vergrößerung oder Verkleinerung einer Abbildung im Verhältnis zum Original an. So bedeutet dies z. B. für den Maßstab 1:100, dass alle Maße auf dem Plan 1/100 so groß sind wie in der Wirklichkeit. Oder, anders gesagt, alle Maße sind in der Wirklichkeit 100-mal so groß wie auf dem Plan.

**Messband** → Bandmaß

**Messlatte** Hilfsmittel zur Strecken-/Flächenmessung.

**Messpunkte** markieren die nachgemessenen Punkte.

**Messrad/Rolltacho** Hilfsmittel zur Strecken-/Flächenmessung. Mit Hilfe eines Zählwerks an einem Rad wird aus der Anzahl der Umdrehungen und Teilumdrehungen die Länge der abgefahrenen Strecke angezeigt.

**mgon** → Milligon

**Milligon (mgon)** 1/1000 gon

**Neigungswinkel** wird von der Waagerechten nach unten gemessen.

**Neugrad/Gon** Einteilung des Vollkreises in 400 Teile, die man Neugrad nennt. 1 Vollkreis = 400 Neugrad = $400^g$, $1^g$ = 100 Neuminuten = $100^c$, $1^c$ = 100 Neusekunden = $100^{cc}$.

**Ordinate** auf der → Abszisse (Grundlinie) stehende Senkrechte.

**Parallelogramm** Viereck, dessen gegenüberliegende Seiten gleich sind und parallel verlaufen.

**Polarverfahren** Verfahren zum Aufmessen von Grundstücken; die Lage eines Punktes wird durch seine horizontale Entfernung vom Nullpunkt (Gerätestandpunkt) und durch den horizontalen Winkel, den der Radius (r) mit der Nullachse bildet, bestimmt.

**Prismenstab** ein auf einem Stab befestigtes Glasprisma, mit dem empfangene elektromagnetische Wellen zurück zum Ausgangspunkt reflektiert werden. → elektronische Entfernungsmessung

**Pythagoras** griechischer Philosoph, um 570–500 v. Chr.

**pythagoreischer Lehrsatz** → Satz des Pythagoras

| | |
|---|---|
| **pythagoreische Zahlen** | 3:4:5; bei einem Dreieck, bei dem die Seiten im Verhältnis 3:4:5 zueinander stehen, handelt es sich um ein rechtwinkliges, wobei die beiden kürzeren Seiten stets den rechten Winkel bilden. |
| **Quadrat** | Viereck mit vier → rechten Winkeln und vier gleichen Seiten. |
| **Radius** | Halbdurchmesser eines Kreises. |
| **rechter Winkel** | 90°- oder $100^g$-Winkel |
| **rechtwinkliges Dreieck** | ein Dreieck mit einem rechten Winkel. |
| **regelmäßige Flächen** | geometrische Flächen, z. B. Rechteck, Quadrat, Kreis, Trapez usw. |
| **Rolltacho** | → Messrad |
| **Rückwärtsverlängerung** | bei der Verlängerung einer bestehenden Flucht wird auf den Einfluchtenden zu gefluchtet. |
| **Rufzeichen** | Rufzeichen „von", „an" und „ab" dienen zum → Einfluchten von Fluchtstäben. |
| **Satz des Heron** | auch als → Heron'sche Formel bezeichnet. Statt mit der Formel $A = g \times h/2$ kann die Fläche eines Dreiecks auch anhand der drei Seiten mithilfe der Heron'schen Formel berechnet werden. |
| **Satz des Pythagoras** | auch als pythagoreischer Lehrsatz bezeichnet; besagt, dass in einem rechtwinkligen Dreieck die Summe der Kathetenquadrate gleich dem Hypotenusenquadrat ist. Da in einem rechtwinkligen Dreieck die Seite c als Hypotenuse und die Seiten a und b als Katheten bezeichnet werden, gilt $c^2 = a^2 + b^2$. |
| **Satz des Thales** | besagt, dass jeder Winkel, dessen Schenkel durch A und B gehen und dessen Scheitel auf dem Umfang des Halbkreises über AB liegt, ein rechter ist. |
| **Schachtmeisterbogen** | Gitterverfahren; stellt ein Näherungsverfahren zur Erstellung von Kreisbögen dar. |

**Schnurlot/Lot/Senklot** ein an einer dünnen Schnur hängendes birnenförmiges, ca. 200 bis 500 g schweres Eisen- oder Messingstück. Es kann z. B. zum Errichten von Senkrechten bzw. Abloten von Fußpunkten, Erstellen rechter Winkel, zum senkrechten Aufstellen von Fluchtstangen und Instrumentenstativen verwendet werden (vgl. Seite 72).

**Schnurschlag** Erstellung eines rechten Winkels (einer Senkrechten) mit einem Bandmaß oder einer Schnur.

**Sehne** das innerhalb eines Kreises liegende Stück einer → Sekante.

**Sekante** eine Gerade, die einen Kreis in zwei Punkten schneidet.

**Senklot** → Schnurlot

**spitzer Winkel** Winkel zwischen 0° und 90°.

**spitzwinkliges Dreieck** ein Dreieck bei dem alle Winkel spitz (< 90°) sind.

**Staffelmessung** das stückweise horizontale Messen im geneigten Gelände mithilfe von Messlatte (3 bis 5 m), Wasserwaage und Schnurlot.

**Stahlbandmaß** → Bandmaß aus Stahl.

**Steigungswinkel** wird von der Waagerechten nach oben gemessen.

**Strahlensatz** 1. Strahlensatz: „Werden zwei von einem Punkt ausgehende Strahlen von Parallelen geschnitten, so bestehen zwischen gleich liegenden Abschnitten der Strahlen gleiche Verhältnisse."
2. Strahlensatz: „Werden zwei von einem Punkt ausgehende Strahlen von Parallelen geschnitten, so bilden die Abschnitte der Parallelen und die zugehörigen Strahlenabschnitte gleiche Verhältnisse."

**Strecke** entsteht, wenn man zwei Punkte miteinander verbindet.

**stumpfer Winkel** Winkel zwischen 90° und 180°.

**Tachymetrie** das Messen von Entfernungen mittels Nivelliergerät.

| | |
|---|---|
| **tachymetrische Entfernungsmessung** | → Tachymetrie |
| **Tangente** | eine Gerade, die einen Kreis in einem Punkt berührt. |
| **Thales** | Thales von Milet, ein griechischer Naturphilosoph, der um 625–547 v. Chr. gelebt hat. |
| **Trapez** | Viereck mit zwei parallelen, aber ungleich langen Seiten. |
| **überstumpfer Winkel** | Winkel zwischen 180° und 360°. |
| **ungleichseitiges Dreieck** | wenn alle drei Seiten im Dreieck verschieden lang sind. |
| **unregelmäßige Flächen** | kommen recht häufig vor. Vermessung ist schwierig. Sie müssen vor dem Vermessen zunächst in berechenbare Flächen, z. B. Rechtecke, Quadrate usw., aufgeteilt werden. |
| **vermarken** | markieren von Messpunkten. |
| **vermessen/Vermessung** | messtechnische Erfassung von Punkten zueinander. Ist notwendig, wenn Flächen oder Körper aus dem Gelände zeichnerisch in einem Plan dargestellt, Planmaße in das Gelände übertragen, vorhandene Pläne ergänzt oder überprüft, Höhenpunkte festgelegt, Erdmassenberechnungen durchgeführt oder Aufmaße zur Erfassung und Abrechnung von Bauleistungen durchgeführt werden sollen. |
| **vertikal** | senkrecht |
| **Vollkreis** | hat 360° (Grad) in Altgrad und $400^g$ (gon) in Neugrad. |
| **Vorwärtsverlängerung** | bei der Verlängerung einer bestehenden Flucht wird von dem Einfluchtenden weg gefluchtet. |
| **wechselseitiges Einfluchten** | im Gegensatz zum normalen Fluchten wird der Messgehilfe von zwei Einfluchtenden so lange wechselseitig eingewiesen, bis die Flucht steht. Erfolgt, wenn der Einfluchtende nicht hinter die Endpunkte der Flucht treten kann. |

**Zählnadeln** 30 bis 40 cm lange Nadeln aus Stahl, die als Hilfsmittel bei der Streckenmessung mit dem Bandmaß dienen.

**Zentigon (cgon)** 1/100 gon

**Zollstock/Gliedermaßstab** umgangssprachlich für → Gliedermaßstab.

**zusammengesetzte Flächen** Flächen, die sich in einfache (z. B. Rechtecke, Quadrate, Trapeze, Dreiecke), berechenbare Flächen zerlegen lassen.

**Zwischenfluchten** zwischen zwei Endpunkten werden weitere Punkte eingefluchtet.

## 4.2 Höhenmessung

**absolute Höhen** Höhen, die sich auf NN (Normalnull) beziehen. Es handelt sich dabei um amtliche Vermessungspunkte, deren Bezugsfläche die Höhe des Meeresspiegels im Amsterdamer Hafen bei Mittelwasser ist und mit ± 0,00 angenommen wird.

**abstecken** die Lage von Bauwerken, Mauerfluchten, Pflanzflächen, Wegen, Höhen usw. aus dem Plan ins Gelände übertragen.

**Absteckpläne** enthalten in der Regel alle Maße, die für die Übertragung der Baumaßnahmen ins Gelände notwendig sind.

**automatisches Nivelliergerät** selbsthorizontierendes Nivelliergerät

**Baulaser** → Laser, die häufig auf dem Bau eingesetzt werden. Erzeugen einen scharf gebündelten Lichtstrahl, der bei Dunkelheit als dünner roter oder grüner Strahl sichtbar ist. Am Tage wird er durch einen Empfänger aufgefangen und in ein optisches oder akustisches Signal umgewandelt.

**Dosenlibelle** Libellenbauform, die zur Ausrichtung in zwei Dimensionen benutzt wird, z. B. zum Aufbau eines Stativs für ein Nivelliergerät.

**Festpunkt**
ein Punkt, dessen Höhe bekannt ist und der als Ausgangspunkt zum Messen weiterer Höhen dient.

**Flächennivellement**
das Messen von Höhenpunkten, aus denen sich der Verlauf der Geländeoberfläche ergibt. Geeignete Verfahren dazu sind → Netznivellement und → Profilnivellement.

**Frosch**
Untersetzer für → Nivellierlatten.

**Gesetz der kommunizierenden Röhren**
besagt, dass wenn man oben offene und unten miteinander verbundene Röhren oder Gefäße mit Flüssigkeit füllt, sich diese in allen Röhren gleich hoch einstellt.

**Höhenmessung**
dient zur Erfassung von Geländehöhen an einzelnen Punkten. Eine Höhe wird ermittelt, indem man die Höhendifferenz zu einem → Festpunkt feststellt.

**Höhenplan**
gibt Auskunft über den Verlauf der Geländeoberfläche. Er entsteht, wenn man die Geländepunkte gleicher Höhe miteinander verbindet.

**Kanalbaulaser**
Laser zur Rohrverlegung. Sie besitzen einen fest stehenden Laserstrahl, der auf das gewünschte Gefälle eingestellt werden kann.

**Laser**
engl. Kurzbezeichnung für **L**ight **a**mplification by **s**timulated **e**mission of **r**adiation, „Lichtverstärkung durch stimulierte Strahlungsemission". Ein Gerät zur Erzeugung eines scharf gebündelten Lichtstrahls.

**Laserempfänger**
fängt die vom Laser kommenden Strahlen auf und wertet sie aus.

**Laserwasserwaage**
eine um 360° drehbare Wasserwaage, die über einen integrierten Laserstrahl verfügt. Die Reichweite beträgt etwa 30 m.

**Lotlaser**
Laser, die einen senkrechten Laserstrahl aussenden und zur Errichtung von Loten eingesetzt werden.

**Netznivellement**
Verfahren zum → Flächennivellement. Dabei wird das Gelände mit einem Netz regelmäßig angeordneter Punkte

(Netzpunkte) überzogen und deren Höhen mit dem Nivellier gemessen.

**Neugrad/Gon**
Einteilung des Vollkreises in 400 Teile, die man Neugrad nennt. 1 Vollkreis = 400 Neugrad = $400^g$, $1^g$ = 100 Neuminuten = $100^c$, $1^c$ = 100 Neusekunden = $100^{cc}$.

**Nivellement**
Höhenmessung; Messverfahren zur Bestimmung der Höhenunterschiede im Gelände.

**Nivellier**
→ Nivelliergerät

**nivellieren**
Höhenmessung mittels Nivelliergerät.

**Nivelliergerät**
Messgerät zur Höhenmessung.

**Nivellierlatten**
3 bis 5 m lange Latten, die meist in cm-Felder eingeteilt sind. Die cm-Teilung befindet sich von dm-Feld zu dm-Feld wechselnd entweder auf der rechten oder linken Lattenhälfte. Zur Vermeidung von Meterfehlern bei der Ablesung sind die Latten häufig abwechselnd 1 m lang schwarz und 1 m lang rot gefärbt.

**NN**
**N**ormal**n**ull, → absolute Höhen.

**Profilnivellement**
Verfahren zum → Flächennivellement. Dient zur höhenmäßigen Erfassung langer, schmaler oder unregelmäßig steigender Flächen. Die Profillinien müssen so verteilt werden, dass alle Erhebungen oder Mulden erfasst werden.

**relative Höhen**
sind Höhen, die sich auf einen Festpunkt beziehen, dessen Höhe man selbst festlegt. Als Bezugspunkte eignen sich vor allem unverrückbare Punkte, wie z. B. Treppenstufen, Gullydeckel, Erdgeschoss-Fußboden-Höhe (EFH), Bord- oder Grenzsteine.

**Richtscheit**
Richtlatte, Setzlatte, Wiegelatte sind 2,0 bis 5,0 m lange Latten aus Leichtmetall oder Holz mit oder ohne Röhrenlibelle.

**Richttafeln**
→ Visiertafeln

**Röhrenlibelle** Libellenbauform (z. B. in Wasserwaagen), die zur Ausrichtung in einer Dimension benutzt wird.

**Rotationslaser** Geräte, bei denen der Laserstrahl horizontal um die senkrechte Geräteachse rotiert. Innerhalb dieser Kreisfläche mit einem Durchmesser von etwa 150 bis 600 m lässt sich an jeder Stelle die Höhenmessung durchführen.

**Rückblick (r)** beim Nivellieren immer der Blick zum bekannten Höhenpunkt. Er ist immer positiv (+).

**Schlauchwaage** ein 10 bis 30 m langer mit Wasser gefüllter durchsichtiger Schlauch. Wird dazu verwendet, um Höhen auf ein gleiches Niveau zu bringen. Auch um Ecken herum bzw. dort, wo die Sicht versperrt ist.

**Setzlatte** → Richtscheit

**Streckennivellement** wenn mehrere Höhenpunkte, die in einer Richtung liegen, gemessen werden oder der Neupunkt so weit vom bekannten Höhenpunkt entfernt liegt, dass weitere Zwischenpunkte, so genannte Wechselpunkte, eingerichtet werden müssen.

**Visiertafeln/Richttafeln** Tafeln mit unterschiedlicher Farbmarkierung (weiß, rot, rotweiß), die dazu dienen, zwischen zwei bekannten Höhen weitere Zwischenhöhen festzulegen.

**Vorblick (v)** beim Nivellieren immer der Blick zum Neupunkt. Er ist immer negativ (–).

## 4.3 Plandarstellung

**Aufmaß** Aufmessung zur Erfassung und Abrechnung von Bauleistungen.

**Aufmaßplan** Aufzeichnung der Ergebnisse eines Aufmaßes.

**Ausführungsplan** ein Plan, der alle für die Bauausführung notwendigen technischen Angaben enthält (ausführungsreife Plandarstellung).

| | |
|---|---|
| **Bepflanzungsplan** | → Pflanzplan |
| **CAD** | **c**omputer-**a**ided **d**esign (computerunterstütztes Konstruieren) → CAD-Programme |
| **CAD-Programme** | Computerprogramme, mit deren Hilfe Bauvorhaben vom Vorentwurf bis zum Aufmaßplan abgewickelt werden können. → CAD |
| **Detailplan** | Plan, der Einzelheiten (Details) hervorhebt. Er dient zur Ergänzung des → Entwurfsplans. |
| **elektrooptisches Aufmaßverfahren** | Entfernungsmessung mithilfe elektronischer Geräte, z. B. elektronische Tachymeter. |
| **Entwurfsplan/Entwurf** | ist ein weiterentwickelter → Vorentwurf. Er stellt die erarbeitete endgültige Lösung dar. |
| **Flurkarte** | → Katasterplan |
| **Genehmigungsplanung** | erarbeiten der Vorlagen zur Genehmigung eines Bauvorhabens. |
| **Grundlagenermittlung** | Ermittlung der Voraussetzungen zur Durchführung der Baumaßnahme. |
| **HOAI** | **H**onorar**o**rdnung für **A**rchitekten und **I**ngenieure. |
| **Höhenlinien** | Verbindungslinien von benachbarten Punkten gleicher Höhe. |
| **Höhenplan** | ein Plan, in dem die Geländeform, mit Hilfe von → Höhenlinien dargestellt ist. |
| **Katasterkarte** | → Katasterplan |
| **Katasterplan/Katasterkarte/Flurkarte/Liegenschaftskarte** | von den Vermessungsämtern erstellter amtlicher Plan in den Maßstäben 1:5000 bis 1:500, der Angaben über Lage, Größe, Höhen und Grenzverläufe der Grundstücke enthält. |
| **Lageplan** | ein Plan, der das Grundstück als Aufsicht (Draufsicht) darstellt. |

**Legende** Zeichenerklärung

**Liegenschaft** Grundbesitz

**Liegenschaftskarte** → Katasterplan

**Nivelliertachymeter** computergesteuerte Vermessungsstation.

**Objektbetreuung** umfasst die Ergebnisdokumentation und Mängelfeststellung.

**Objektüberwachung** Überwachung der Ausführung.

**Pflanzplan** ein Detailplan, der als Vorlage beim Pflanzen dient. Er zeigt den Standort und die Anzahl der einzelnen Pflanzen.

**Plan** eine maßstäbliche Zeichnung, z. B. eines Grundstücks.

**Plandarstellung** Plandarstellung für den Privatgartenbereich, der i. d. R. eine Kombination aus → Entwurfs- und → Ausführungsplan darstellt.

**Planskizze** erste zeichnerische Fassung des Bauvorhabens, sie dient der ersten Verständigung zwischen dem Planer und dem Kunden.

**Vorentwurf** ein Entwurf (→ Entwurfsplan), der bereits konkrete Lösungsansätze zeigt, die es umzusetzen gilt. Er beinhaltet Vorschläge zur Bepflanzung, Wegeführung usw.

# 5 Bautechnische Maßnahmen

## 5.1 Erdarbeiten

### 5.1.1 Boden für bautechnische Zwecke

**A-Horizont** → Oberboden

**Anschnitte** entstehen, wenn von Dämmen Boden abgetragen wird.

**B-Horizont** → Unterboden

**Bodenabtrag** Entnahme von Boden.

**Bodenauftrag** Aufschüttung von Boden.

**Bodenhorizonte** im Boden parallel zur Bodenoberfläche verlaufende, mehr oder weniger einheitliche Zonen, → A-, → B-, → C-Horizont.

**Bodenklassen** Böden für bautechnische Zwecke werden nach der DIN 18 300 in 7 Bodenklassen eingeteilt. Sie werden nach ihrem Zustand beim Lösen zugeordnet. Je größer der Aufwand, desto höher die Bodenklasse. Eine Ausnahme bildet die Bodenklasse 1. Es handelt sich hierbei um den Oberboden, der unabhängig von seinem Zustand beim Lösen als eigene Klasse aufgeführt wird.

**Bodenprofil** die seitliche Ansicht der aufeinander folgenden → Bodenhorizonte.

**Böschung** die Neigung des Geländes zwischen zwei verschieden hoch gelegenen Ebenen, z. B. die geneigten Begrenzungsflächen eines Dammes.

**C-Horizont** → Untergrund

**Damm** ein länglicher, aufgeschütteter Baukörper aus Boden, Kies, Schotter oder Schüttsteinen.

**Einschnitte** entstehen, wenn von einer ebenen Fläche Boden abgetragen wird (Mulden).

**Erdarbeiten** das Lösen, Laden, Fördern (Transportieren), Einbauen und Verdichten von Boden.

**fließende Bodenarten** → Bodenklasse 2: Bodenarten, die wegen ihres hohen Wassergehaltes von flüssiger bis breiiger Beschaffenheit sind.

**Kopfschüttung** Herstellung eines Dammes durch Schüttungen von Boden in Längsrichtung des Dammes von voller Dammhöhe aus.

**Lageschüttung** Auftrag waagerechter Bodenschichten.

**leicht lösbare Bodenarten** → Bodenklasse 3: Nichtbindige bis schwachbindige Sande und Kiese mit ≤ 15 Gew.-% Schluff und Ton (Korngröße < 0,06 mm) und höchstens 30 % Steinen über 63 mm Korngröße.

**leicht lösbarer Fels und vergleichbare Bodenarten** → Bodenklasse 6: Felsarten, die stark brüchig, bröckelig weich oder verwittert sind, sowie vergleichbare verfestigte Bodenarten.

**mittelschwer lösbare Bodenarten** → Bodenklasse 4: Bindige Bodenarten (> 15 Gew.-% Schluff und Ton) mit höchstens 30 % Steinen über 63 mm Korngröße.

**Mulden** → Einschnitte

**Mutterboden** → Oberboden

**Oberboden/Mutterboden** die mit organischer Substanz und Bodenleben durchsetzte und durch Humusanreicherung dunkel gefärbte, oberste, etwa 20 bis 30 cm dicke Bodenschicht (→ Bodenklasse 1).

**Schüttung** Herstellung eines Damms oder einer Böschung durch Auftrag waagerechter Bodenschichten (Lageschüttung).

**schwer lösbare Bodenarten** → Bodenklasse 5: Wie Klasse 3 und 4, jedoch mit mehr als 30 % Steinen über 63 mm Korngröße.

**schwer lösbarer Fels** → Bodenklasse 7: Felsarten, die nur wenig klüftig oder verwittert sind.

**Seitenschüttung** Herstellung eines Dammes durch Schüttungen von Boden auf die seitliche Böschung.

**Straßendamm** früher wurden Straßen als Dämme bezeichnet (z. B. der Kurfürstendamm in Berlin), da Dämme als Unterbau von Verkehrswegen dienen.

**Unterboden** die unter dem Oberboden befindliche, heller gefärbte, humusarme Bodenschicht.

**Untergrund** das unverwitterte Ausgangsgestein, aus dem der Boden durch Verwitterung entstanden ist.

## 5.1.2 Steigung und Gefälle

**Böschungsverhältnis** → Steigungsverhältnis

**Böschungswinkel** gibt den Winkel zwischen der Geländeoberfläche und der Horizontalen an.

**Gefälle** → Neigung

**Neigung/Gefälle** Maß für die Abweichung von der Waagerechten. Sie wird meist in % angegeben.

**Steigung** Maß für die Abweichung von der Waagerechten. Sie wird meist in % angegeben.

**Steigungsverhältnis/ Böschungsverhältnis** die Höhe (Steigungshöhe) wird mit 1 angesetzt und die Länge darauf bezogen, z. B. Steigungsverhältnis 1:3. Auf einer Länge von 3 m beträgt die Steigung 1 m.

**Tangensfunktion**

$$\tan \alpha = \frac{\text{Gegenkathete}}{\text{Ankathete}}$$

**Verhältniszahlen (Böschungs- oder Steigungsverhältnis)** eine Möglichkeit, Neigungen im Gelände anzugeben, z. B. 1:3 → Steigungsverhältnis.

### 5.1.3 Verdichtung

**anfänglicher Lockerungsfaktor**
→ Lockerungsfaktor

**Auflockerung**
bei der Entnahme von z. B. gewachsenem Boden kommt es zu einer Auflockerung je nach Bodenart zwischen 10 und 50 %.

**Baugrund**
Boden, der für die Errichtung eines Bauwerks geeignet ist.

**bleibende Lockerung**
nachdem ein Boden durch Abtragen eine Auflockerung erfahren hat, setzt er sich nach einer gewissen Zeit von alleine. Es wird jedoch längere Zeit dauern, bis er sein ursprüngliches Volumen erreicht hat. Es bleibt also eine Lockerung. Je nach Bodenart liegt diese bleibende Lockerung bei 1 bis 15 % und mehr.

**Duplexwalze/Vibrationsdoppelwalze**
→ Vibrationswalze, bei der beide Walzenkörper mit Unwuchterzeugern versehen sind.

**dynamischer Plattendruckversuch**
dabei fällt ein genormtes Fallgewicht aus einer bestimmten Höhe auf die Druckplatte. Ein Computer errechnet aus den Setzungswerten die maximale Belastung in $MN/m^2$.

**dynamisch wirkende Verdichtungsgeräte**
wirken neben dem Gewicht zusätzlich durch eine stampfende oder vibrierende Kraft.

**Explosionsstampfer**
Verdichtungsgerät, bei dem die Verbrennung eines Diesel-Luft-Gemisches in einem Zylinder dazu führt, dass der Stampfer gegen die Grundplatte angehoben und dann fallengelassen wird. Die Verdichtung erfolgt durch den Gehäuseaufprall (65 bis 100 kg) auf der Grundplatte (50 bis 80 Schläge/Minute).

**Fallplattenstampfer**
quadratische Fallplatte (ca. 80 × 80 cm) mit einem Gewicht von bis zu 3 t, die durch einen Seilbagger etwa 1,5 m hoch angehoben und 10 bis 20 mal/Minute fallengelassen wird.

**Frosch**
→ Rüttelstampfer

**Gitterradwalze**
Walze, die den Druck über gitterförmig angeordnete Stahlstäbe auf den Boden überträgt.

**Glattwalze**
Verdichtungsgerät überträgt den Druck über Walzen mit einer glatten Oberfläche. Zur Verdichtung loser Schüttungen und Glätten bzw. Nachbehandeln von unebenen oder aufgelockerten Flächen (vgl. Seite 100).

**Gummiradwalze**
Walze mit 3 bis 6 pendelnd nebeneinander aufgehängten Gummireifen. Durch Änderung des Luftdrucks in den Reifen kann der Druck und damit die Einsinktiefe beeinflusst werden.

**Ladevolumen**
das Ladevolumen in $m^3$ (Lademenge) eines LKWs; ergibt sich aus der Nutzlast (t) geteilt durch das spezifische Gewicht des Materials ($t/m^3$).

**Lockerungsfaktor**
gibt an, um wie viel das Volumen durch Auflockerung zunimmt. Z. B. weist Kies eine anfängliche Lockerung von 25 bis 30 % auf. Das heißt, das Volumen nimmt bei der Entnahme um den Faktor (anfänglicher Lockerungsfaktor) 1,25 bis 1,30 zu.

**Plattendruckversuch**
dient der Ermittlung der Tragfähigkeit des Unterbaus/Untergrunds. → statischer Plattendruckversuch, → dynamischer Plattendruckversuch.

**pneumatisches Verdichtungsgerät**
Verdichtungsgerät, das über einen Schlauch mit Druckluft betrieben wird.

**Porenvolumen des Bodens**
Hohlräume im Boden, die mit Wasser und Luft gefüllt sind.

**Proctordichte**
ist der maximale Verdichtungsgrad eines Bodens oder Schüttguts, der mit den üblichen Verdichtungsgeräten erreichbar ist.

**Proctorversuch**
Laborversuch, der der Abschätzung der auf Baustellen erreichbaren Dichte des Bodens dient. Dazu wird eine Bodenprobe in einem Versuchszylinder mit festgelegten Abmessungen durch ein festgelegtes Fallgewicht (4,5 kg) verdichtet.

**Rammbär**
genormtes Fallgewicht, das zum Einrammen der → Rammsonde dient.

**Rammdiagramm**
grafische Darstellung der Eindringtiefe der → Rammsonde in Abhängigkeit von der Anzahl der Schläge. Es gibt Aufschluss über den Verdichtungsgrad in verschiedenen Tiefen.

**Rammsonde**
Gerät zur Überprüfung des Verdichtungsgrades. Bestehend aus einer Stahlspitze, die um jeweils einen Meter bis maximal 5 Meter verlängerbar ist, und einem genormten Fallgewicht, dem so genannten → Rammbär.

**Rammsondierung**
Überprüfung des Verdichtungsgrads mittels → Rammsonde (vgl. Seite 20).

**reversierbare Vibrationsplatte**
Vibrationsplatte mit Vor- und Rücklauf.

**Rüttelplatte**
Vibrationsplatte mit Schwingungszahlen von 500 bis 5400/Minute. Geeignet für Verdichtungen von Boden und Tragschichten sowie dem Abrütteln von Pflastersteinen.

**Rüttelstampfer/ Schnellschlagstampfer/ Vibrostampfer**
Verdichtungsgerät (12 bis 220 kg), bei dem eine Stampfplatte durch ein motorgetriebenes Kurbel-Feder-System bewegt wird. 200 bis 800 Schläge/Minute.

**Schaffußwalze**
mit 15 bis 30 cm hohen Aufsätzen (Schaffüßen) versehene Walze. Die Übertragung des Gesamtgewichts auf nur kleine Aufstandsflächen erzeugt einen hohen Flächendruck.

**Schleppschwinger**
weist einen außermittig montierten Erreger auf. Fährt nur in einer Richtung. Geeignet ist er vor allem zur Bodenverdichtung und zum Pflastereinbau.

**Schnellschlagstampfer**
→ Rüttelstampfer

**stampfend wirkende Verdichtungsgeräte**
verdichten den Boden vor allem durch Schlagwirkung, z. B. Fallplattenstampfer, Explosionsstampfer, Schnellschlagstampfer (Vibro-/Rüttelstampfer).

**statischer Plattendruckversuch**
wird nach DIN 18134 mit Hilfe einer genormten Messplatte von 300 mm Durchmesser (bei steinigen Böden 600 mm)

durchgeführt. Die Platte wird unter Gegendruck eines bauseits gestellten Gegengewichts (Widerlager) von mindestens 8 Tonnen (Bagger, LKW, Raupe oder Walze) mit einer genormten Kraft gegen den Boden gepresst. Mittels einer hydraulischen Pumpe wird durch stufenweise Be- und Entlastung der Messplatte ein Drucksetzungsdiagramm aufgezeichnet. Aus diesem Drucksetzungsdiagramm lassen sich Rückschlüsse auf den Verdichtungsgrad und die Tragfähigkeit des Untergrunds ziehen.

**statisch wirkende Verdichtungsgeräte** wirken hauptsächlich durch ihr Gewicht, z. B. Glattwalzen, Gitterradwalzen, Schaffußwalzen, Gummiradwalzen. Gut geeignet für bindige Böden.

**Tandemvibrationswalze** mit zwei hintereinander angeordneten Walzenkörpern ausgestattete → Vibrationswalze.

**Verdichtung** Verringerung des Porenvolumens im Boden.

**Verdichtungsfaktor** gibt den Faktor an, um den das Volumen eines Bodens oder das von Schüttgütern durch Verdichtung verkleinert werden kann. So ist z. B. bei Sand bzw. Kies-Sand-Gemischen mit einem Verdichtungsfaktor von 0,95 bis 0,85 (5 bis 15 %) zu rechnen.

**Verdichtungsgerät** Gerät zur Verdichtung des Bodens. Dabei kann man unterscheiden zwischen → statisch und → dynamisch wirkenden Verdichtungsgeräten.

**Verdichtungsgeräte mit variabler Leistung** Geräte, bei denen die Zentrifugalkraft in zwei Stufen verändert werden kann.

**Verdichtungsgrad (DPr)** gibt den Grad der Verdichtung eines Baugrunds an. Je nach einzubauender Schicht wird ein Verdichtungsgrad von 95 % (z. B. Baugrund im Sportplatzbau) bis 103 % (Oberbau einer viel befahrenen Straße) der → Proctordichte verlangt.

**Vibrationsplatte** → Rüttelplatte

**Vibrationsschaffußwalze** mit zusätzlichem Schwingungserreger versehene → Schaffußwalze.

**Vibrationswalzen**

Walzen mit Walzenkörpern, in denen schnell laufende Unwuchtgewichte (ungleich verteilte Massen) eine Vibration erzeugen.

**vibrierend wirkende Verdichtungsgeräte**

heben durch Vibration die Reibung der Bodenteilchen untereinander auf, durch die statische Auflast werden diese dichter zusammengelagert, z. B. Einradwalzen, Tandemvibrationswalzen, Duplexwalzen, Vibrationsdoppelwalzen, Anhängevibrationswalzen, Vibrationsschaffußwalzen, Vibrationsplatten.

**Vibrostampfer**

→ Rüttelstampfer

### 5.1.4 Erdbaumaschinen

**Bagger**

Erdbaumaschine, ausgestattet mit einer Schaufel zum Aufnehmen von Boden.

**Baggerlader**

Schlepper, der vorne eine Ladeschaufel und am Heck einen Bagger aufweist.

**Erdbaumaschinen**

Maschinen zum Lösen, Laden, Transportieren und Einbauen von Boden, z. B. Planierraupe, Grader, Erdhobel, Schürfkübel, Scraper, Laderaupe, Radlader, Hochlöffelbagger, Tieflöffelbagger, Greifbagger, Baggerlader.

**Grader/Erdhobel**

luftbereifte Maschine, bei der zwischen den Achsen ein horizontal und vertikal schwenkbares Planierschild angebracht ist. Besonders geeignet zum Planieren großer Flächen und zum Einbau von Trag- und Drainschichten im Wege- und Sportplatzbau.

**Greifbagger**

Bagger, der mit einem Greifer ausgestattet ist, der sich beim Ablassen durch sein Eigengewicht in das Fördergut eingräbt.

**Heckaufreißer**

Zähne aus Stahl, die am Heck (auch als Frontaufreißer) von z. B. Laderaupen oder Radladern zum Aufbrechen oder Auflockern von harten und felsigen Böden, Bodenverdichtungen, Straßendecken oder zum Roden von Wurzeln angebaut werden.

**Hochlöffelbagger** setzt den Löffel am Fuß der Abbauwand an und reißt beim Hochdrücken den Boden auf. Transportfahrzeuge und Bagger stehen auf dem neuen Planum.

**Laderaupe** Erdbaumaschine mit Ketten und Frontlader. Dient zum Laden, Abräumen, Planieren und Transportieren von Boden.

**Minibagger** kleinste Bagger, meistens nicht schwerer als 1 bis 6 t und Breite kleiner 1 m.

**Planierraupe** Erdbaumaschine mit Ketten und Planierschild, die vor allem zum flachen Abtragen, Planieren (Einebnen) von Boden und Aufreißen von Bodenverdichtungen mittels Heckaufreißer dient.

**Radlader** luftbereifte Erdbaumaschine mit Frontlader. Dient zum Transportieren, Laden, Abräumen und Planieren von Boden.

**Schürfkübel/Scraper** Erdbaumaschine mit einem Schürfkübel zwischen den Achsen. Durch Absenken des Kübels wird der Boden aufgenommen, durch Anheben abgegeben. Dient zum Transport von Erde, schnellem Abschürfen und Auffüllen von Unebenheiten.

**Scraper** → Schürfkübel

**Tieflöffelbagger** setzt den Löffel an der unter dem Standniveau liegenden Abbauwand unten an und zieht ihn gegen den Bagger hoch. Transportfahrzeuge können auch über dem Baggerniveau stehen, sodass eine sehr große Gesamthubhöhe erreicht wird.

**Universalbagger** bei ihnen können die Grabgefäße (Greifer, Hoch- und Tieflöffel) ausgetauscht werden.

## 5.2 Platz- und Wegebau

### 5.2.1 Schichtenaufbau

**abschlämmbare Teilchen** Teilchen < 0,063 mm (Schluffe und Tone).

**Ausgleichsschicht/ Bettung/Bettungsschicht** dient zum Verlegen des Deckmaterials, zum Ausgleich der zulässigen Toleranzen in den Steinstärken sowie zum Ausgleich der zulässigen Maßungenauigkeiten der Tragschicht (1 cm auf 4 m).

**Bauklassen** Straßen werden nach der Höhe Ihrer Beanspruchung in sieben Bauklassen zugeordnet: SV, I, II, III, IV, V, VI (von links nach rechts abnehmende Belastung).

**Bettung** → Ausgleichsschicht

**Bettungsmaterialien** Materialien für die → Ausgleichsschicht, z. B. Sand-Kies 0/4, 0/5, 0/8, Brechsand-Splitt 0/5, 0/8.

**Bindemittel** Mittel, die einzelne Körner miteinander verbinden (verkleben): Kalk, Zement, Bitumen.

**Brechsand** gebrochener → Sand.

**Deckmaterial für wassergebundene Wegedecken** Sande, Kies-Sand (0/16), Splitt-Sand (0/11), Kiesel, Rindenmulch.

**Deckschicht/Wegedecke** bestimmt das Aussehen sowie die Begeh- und Befahrbarkeit des Weges bzw. Platzes, schützt die Tragschicht vor Verschleiß (Witterung, Verkehr).

**Dichte** gibt das Verhältnis von Masse zu Volumen eines Körpers an ($g/cm^3$, $kg/dm^3$ oder $t/m^3$).

**Dränschicht** leitet durchsickerndes Wasser weiter.

**Edelbrechsande** mehrfach gebrochener → Sand.

**Edelsplitte** mehrfach gebrochene → Kiese.

**Eislinsen** Eisansammlungen

**Filterstabilität** besagt, ob Material aus einer Schicht (z. B. der Ausgleichsschicht) in die darunter liegende Schicht (z. B. Tragschicht) einrieseln kann.

**Frosteinwirkungszonen** in Deutschland gibt es drei Frosteinwirkungszonen. Je nach Lage des Bauvorhabens in einer dieser Zonen, sind bei der Dicke der Frostschutzschicht Zu- oder Abschläge zu berücksichtigen: Zone 1: ± 0 cm; Zone 2: + 5 cm Zuschlag; Zone 3: + 15 cm Zuschlag.

**frostempfindliche Böden** Böden mit 5 bis 15 % abschlämmbaren Teilchen sind frostempfindlich.

**Frostempfindlichkeit** je bindiger ein Boden, d. h. je höher sein Gehalt an Schluff- und Tonteilchen (hohe Kapillarität), desto frostempfindlicher ist er.

**Frostempfindlichkeitsklassen** entsprechend ihrer Frostempfindlichkeit werden Böden in drei Frostempfindlichkeitsklassen eingeteilt: F1(nicht frostempfindlich), F2 (gering bis mittel frostempfindlich), F3 (sehr frostempfindlich).

**frostgefährdete/sehr frostempfindliche Böden** sehr lehmige oder tonhaltigen Böden (abschlämmbare Teilchen 15 bis 40 %).

**Frostklassen** → Frostempfindlichkeitsklassen

**Frostschutzschicht** eine Schicht, die das Aufsteigen von Kapillarwasser verhindert und das durchsickernde Wasser aus der Tragschicht ableitet. Im Wegebau eine mindestens 12 cm dicke Schicht aus Mineralstoffgemischen mit hohem Anteil an Grobporen (z. B. 0/32, 8/16, 16/32, 0/56).

**frostsichere/nicht frostempfindliche Böden** Böden mit weniger als 5 Gew.-% abschlämmbaren Teilchen.

**Füllkorn** Splitt-Sand-Gemisch zum Füllen der Hohlräume im → Rüttelschotter.

**gebrochene Gesteinskörnung** Körnungen hervorgegangen aus dem Brechen von Gestein: → Brechsand, → Splitt, → Schotter.

**gebundene Tragschicht** Tragschicht mit Bindemittel.

**Gesteinskörnungen** werden nach ihrer Korngröße in Korngruppen unterteilt. Die Bezeichnung erfolgt nach ihrem Kleinst- und Größtkorn, z. B. 0/4, 8/16, 0/32 (Angaben in mm).

**Kapillarwasser** Wasser, das in haarfeinen Röhrchen, den Kapillaren, gegen die Schwerkraft des Bodens aufsteigt.

**Kies** runde Gesteinskörnungen mit der Korngröße > 2 mm.

**Koffersohle** → Planum

**Korngruppen** Unterteilung von Gesteinskörnungen nach ihrer Korngröße. Die Bezeichnung erfolgt nach ihrem Kleinst- und Größtkorn, z. B. 0/4, 8/16, 0/32 (Angaben in mm).

**maximale Frosttiefe** gibt an, wie tief der Frost maximal in den Boden eindringen kann (bei uns 80 bis 120 cm).

**Mineralstoffgemische** Gemische aus anorganischen Stoffen unterschiedlicher Korngrößen, z. B. Kies-Sand-, Sand-Kies-, Schotter-Splitt-Sand- oder Splitt-Sand-Gemische.

**Planum/Koffersohle** Oberfläche des Unterbaus.

**Pflasterbett** → Ausgleichsschicht

**Recyclingmaterial** Abbruchmaterial aus dem Hoch- und Tiefbau: Betonbrechsand, Bauwerkbrechsand, Betonsplitt, Bauwerksplitt.

**Recyclingschotter** Abbruchmaterial aus dem Hoch- und Tiefbau mit der Korngröße > 32 mm.

**Rüttelschotter** Schicht groben, hohlraumreichen Schotters (32/56). Nachdem er verteilt und verdichtet wurde, werden die Hohlräume mit einem Splitt-Sand-Gemisch (Füllkorn) in mehreren Arbeitsgängen verfüllt und eingerüttelt.

**Sand** Gesteinskörnungen mit der Korngröße 0/2 mm.

**Sauberkeitsschicht** verhindert das Eindrücken der Tragschicht in den Unterbau.

**Schlämmkorn** Körner in der Größe von 0,0002 mm bis 0,063 mm.

**Schotter** gebrochener Kies in der Korngröße > 32 mm.

**Schütthöhe** Dicke der verdichteten Schicht × Verdichtungsfaktor.

**spezifisches Gewicht** gibt das Verhältnis der Gewichtskraft eines Körpers zu seinem Volumen an.

**Splitt** gebrochener Kies der Korngröße > 2 bis 32 mm.

**Tragschicht** Schicht zur Aufnahme und Verteilung der Verkehrslast sowie deren Weiterleitung in darunter befindliche Schichten.

**Überhöhung** Material wird so viel höher eingebaut, dass die Sollhöhe nach der Verdichtung erreicht wird.

**ungebrochene Gesteinskörnung** Lieferform der Gesteinskörnung: Sand, Kies.

**ungebundene Tragschicht** Tragschicht ohne Bindemittel.

**Unterbau** der verbesserte → Untergrund (z. B. durch Verdichtung).

**Untergrund** der anstehende Boden, der Baugrund (vgl. Seite 41).

**wassergebundene Wegedecke** eine Deckschicht ohne Bindemittel, z. B. aus Sand, Kies-Sand (0/16), Splitt-Sand (0/11), Kiesel oder Rindenmulch.

### 5.2.2 Pflasterdecken

**Betonrechteckstein** Betonstein mit den Seitenverhältnissen 1:2 in den Abmessungen Breite und Länge, z. B. Breite 10 cm und Länge 20 cm (Höhe 6, 8 oder 10 cm).

**Betonsteine** künstlich hergestellter Stein aus Beton. In zahlreichen Farben und hoher Maßgenauigkeit.

**Bischofsmützen** speziell geformte Pflastersteine (Ähnlichkeit mit Bischofsmütze) zur 45 Grad Diagonalverlegung.

**Blockverband** → Schachbrettverband

**CE-Kennzeichnung** besagt, dass die Pflastersteine der DIN-EN-Norm entsprechen und im Europäischen Wirtschaftsraum frei gehandelt werden dürfen.

**Diagonalverband**

Steine im 45°-Winkel zum Rand verlegt.

**Dränbetonstein** bestehen aus Einkornbeton. Anfallendes Niederschlagswasser wird aufgrund des erhöhten Porenvolumens (enge Kornabstufung) durch den Stein abgeleitet.

**dränfähige Pflasterbeläge** Steinsysteme mit aufgeweiteten Fugen (10 bis 35 mm), z. B. Rasen- und Drainfugensteine, Steine mit Sickeröffnungen (z. B. Rasengittersteine), Dränbetonsteine (Einkornbetonsteine).

**Dreiviertelsteinverband/Reihenverband/Läuferverband**

**Einkornbeton** Beton, der aus einer begrenzten Korngruppe > 4 mm, z. B. 8/16 oder 16/32 hergestellt wird. Es wird nur so viel Bindemittel zugegeben, dass die groben Körner gerade umhüllt werden. So entsteht ein wasserdurchlässiger Beton.

**Ellenbogenverband**

Fischgrätverband in der Fugenflucht rechtwinklig zur Einfassung verlegt.

**Fase** abgeschrägte Kante

**Fischgrätverband/ Keperverband**

**gefaster Stein**
Kanten sind leicht abgeschrägt, es kommt nicht so leicht zu Kantenabsplitterungen.

**Grenadierschicht**
Steine senkrecht verlegt.

**Halbsteinverband**
→ Reihenverband

**Hamburger Format**
Klinkerformat 21,0 × 10,0 × 5,5 cm

**Kassettenverband**
→ Mittelsteinverband

**KDI**
**K** = rechteckiger Pflasterstein, Diagonale > 300 mm, Differenz der beiden Diagonalen ≤ 3 mm; **D** = höchste Klasse für den Widerstand gegen Witterungseinflüsse, widerstandsfähig gegen Frost- und Tausalze; **I** = höchste Klasse für den Widerstand gegen Abrieb (Verschleißwiderstand).

**Keperverband**
→ Fischgrätverband

**Kieler Format**
Klinkerformat 22,0 × 11,0 × 4,5 cm

**Klinker**
→ Pflasterklinker

**Klinkerformate**
geläufig sind:
- 24,0 × 11,8 × 6,2 cm;
- 24,0 × 11,8 × 5,2 cm;
- 22,0 × 10,8 × 5,2 cm;
- 22,0 × 10,5 × 5,2 cm;
- 22,0 × 8,0 × 5,2 cm (Riemchen);
- 20,0 × 10,0 × 8,0 cm;
- 20,0 × 10,0 × 7,1 cm;
- 20,0 × 10,0 × 6,2 cm;
- 20,0 × 10,0 × 5,2 cm;
- 20,0 × 10,0 × 4,5 cm.

**Klinkermosaikpflaster** ein perforierter Pflasterklinker, der mit Hammerschlag in acht Teile geschlagen wird.

**Kreuzverband**

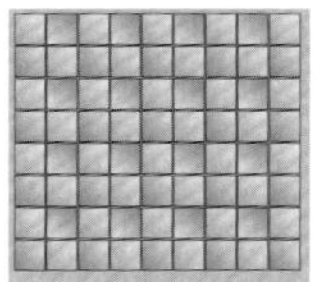

baut auf Kreuzfugen auf, gleiche Plattengrößen.

**Kurvensatz** Satz von speziellen Einzelsteinen zum Ausbilden von Kurven.

**Läuferverband** → Reihenverband

**Mittelsteinverband/ Winkelsteinverband/ Kassettenverband**

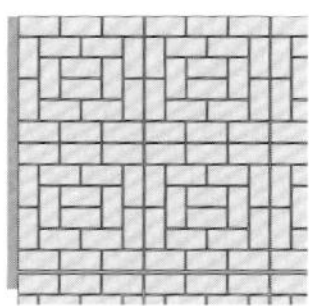

**Oldenburger Format** Klinkerformat 22,0 × 10,5 × 5,2 cm

**Parkettverband** → Schachbrettverband

**Pflasterklinker** ungelochte, bei ca. 1200° C hartgebrannte Vollziegel aus Ton.

**Pflasterstein aus Beton** das Verhältnis von Länge zu Dicke muss ≤ 4 sein, eine Größenbegrenzung besteht nicht.

**Pflasterstein mit Sickeröffnungen** im oder am Stein sind Öffnungen in Form von Löchern, Hohlräumen oder Kammern angebracht.

**Rasengitterstein** Betonplatte mit einer Vielzahl von Sickeröffnungen, in die Erde gefüllt und Gras eingesät wird.

**Rastermaß** → Stein-Nennmaß/Platten-Nennmaß plus Fugenbreite.

**Reihenverband/ Läuferverband/Halbsteinverband**

**Rollschicht**

Steine hochkant verlegt.

**Schachbrettverband/ Blockverband/Parkettverband**

Binder- und Läuferschichten wechseln sich ab, Fugen sind um 1/4 Stein versetzt, Stoßfugen der gleichartigen Schichten liegen senkrecht übereinander.

**Sinterung**

bei Klinkern das Brennen bis zur Schmelze der keramischen Masse.

**Stein-Nennmaß**

Format oder Sollmaß (→ Rastermaß minus Fugenbreite).

**ungefaster Stein**

scharfkantiger Stein.

**Verbundsteinpflaster**

Pflaster, bei dem die einzelnen Steine ineinander greifen, sodass sie miteinander verzahnt sind.

**wilder Verband**

aus verschiedenen Steinformaten, z. B. ½, 1/1 und 1 ½ Normalsteinen.

**Winkelsteinverband**

→ Mittelsteinverband

## 5.2.3 Plattenbeläge

**Betonplatte**

→ Platte aus Beton, neben genormten Platten sind auch nicht genormte Platten in vielen Größen und Formen auf dem Markt.

**Bettungsmaterial**

z. B. Sand, Splitt, Mörtel.

**Bruchlastklassen** Einordnung von Platten nach ihrer möglichen Belastung. Betonplatten sind in sieben Klassen zur Bruchlast eingeteilt: Klasse 30: KN ≥ 3,0; Klasse 45: KN ≥ 4,5; Klasse 70: KN ≥ 7,0; Klasse 110: KN ≥ 11,0; Klasse 140: KN ≥ 14,0; Klasse 250: KN ≥ 25,0; Klasse 300: KN ≥ 30.

**bruchraue Platte/Spaltplatte** weist unregelmäßige Formen und Maße sowie eine unbearbeitete und damit unebene Oberfläche auf.

**Diagonalverband**

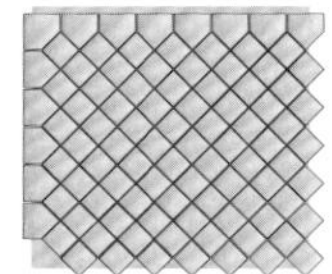

wie Schachbrettverband, jedoch diagonal verlegt, Randeinfassung mit „Bischofsmützen".

**Format/Sollmaß** → Platten-Nennmaß/Stein-Nennmaß

**Fugenbreite** 3 bis 5 mm, ≥ 8 mm bei Vermörtelung.

**Gartenplatten** nicht genormte Platten.

**gebrochene Platte** Platte mit unregelmäßigen Kanten.

**gesägte Platte** weist aufgrund gesägter Kanten regelmäßige Abmessungen auf.

**handbekantete Platte** hat besonders feine und saubere Kanten.

**Klassen zur Bruchlast** → Bruchlastklassen

**Kreuzverband**

baut auf Kreuzfugen auf, gleiche Plattengrößen.

**Natursteinplatte** Platte aus Naturstein, z. B. Basalt, Diorit, Diabas, Gabbro, Gneis, Granit, Kalkstein, Porphyr, Quarzit, Sandstein, Schiefer.

**Oberflächenstruktur** z. B. bossierte, gespitzte, gestockte, scharrierte oder gesandstrahlte Oberflächen.

**Parallelverband** → Reihenverband

**Platte** Verhältnis Länge: Dicke ist > 4, die größte Länge ist 1 m.

**Platten-Nennmaß** Format oder Sollmaß (→ Rastermaß minus Fugenbreite).

**polygonale Platte** vieleckige Platte → Polygonverband.

**Polygonverband**

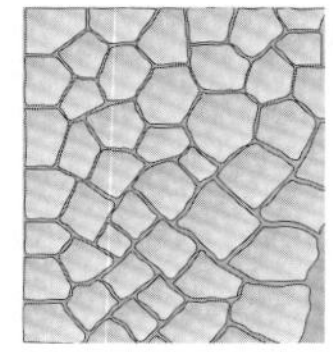

keine Kreuzfugen, keine lang durchlaufenden Fugen, Fugenbreite 1 bis 1,5 cm, keine spitzen Winkel, i. d. R. aus Naturstein.

**Quarzit** kristalliner Schiefer, der aus Sandstein entstanden ist.

**Rastermaß** → Platten-Nennmaß/Stein-Nennmaß plus Fugenbreite.

**Reihenverband**

Fugen verlaufen in einer Richtung, keine Kreuzfugen, Überbindung 1/3 bis 1/2, Verwendung gleich breiter Platten (Länge kann unterschiedlich sein).

**römischer Verband**

Verwendung mindestens drei unterschiedlicher Plattengrößen, unregelmäßige Verlegung, rechtwinkliger Fugenverband, keine Kreuzfugen, eine durchgehende Fuge soll nicht mehr als drei Platten berühren.

**rückwärts verlegen** Platten werden einzeln verlegt und auf Höhe geschlagen, wobei die Arbeitskraft im Sandbett steht.

**Schiefer** plattig ausgebildete, gerichtete Gesteine.

**Schiffsverband**

Fugen verlaufen in einer Richtung, keine Kreuzfugen, unterschiedliche Plattengrößen.

**Schrittplatten** einzeln im Abstand des Schrittmaßes (z. B. 65 cm, gemessen von der Mitte der Platten) gelegte Platten.

**Sollmaß/Format** → Platten-Nennmaß/Stein-Nennmaß

**Spaltplatte** → bruchraue Platte

**Streifenverband** → Reihenverband

**unregelmäßiger Rechteckverband** → Schiffsverband

**Verband** Anordnung der Platten zueinander.

**vorwärts verlegen** Platten werden auf das erstellte Planum verlegt und anschließend verdichtet, wobei die Arbeitskraft auf den verlegten Platten steht.

**Weichgestein** leicht zu bearbeitendes Naturgestein, z. B. Sandstein.

**Wildverband/wilder Verband** → römischer Verband

### 5.2.4 Randeinfassungen

**abgesenkter Hochbord** ein zur angrenzenden Fläche um 2 bis 5 cm tiefer gesetzter Hochbord. Kann überfahren werden.

**Anläufer** → Übergangsbordsteine, die das Überfahren erleichtern sollen.

**Anlauf/Anlauffläche** sichtbare Seitenfläche des Bordsteins (→ Flachbordstein).

**Ansicht** das aus dem Boden schauende Stück eines Bordsteins (Auftrittshöhe).

**Auftrittshöhe** → Ansicht

**Bordrinnenstein**

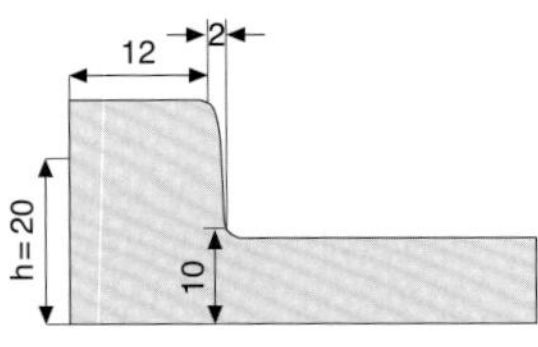


eine Kombination aus → Hochbord und Fließrinne.

**Bordsteine** dienen meist zur Abgrenzung von Wegen, Plätzen und Straßen zu anderen Flächen. Sie werden aus Naturstein (meist Granit) oder Beton hergestellt.

**bündige Randeinfassung** 3 bis 5 mm unterhalb der Pflasteroberfläche eingebaute Randeinfassung (DIN 18 318).

**Einfassungssteine** → Kantensteine

**Flachbordstein (Form F)**

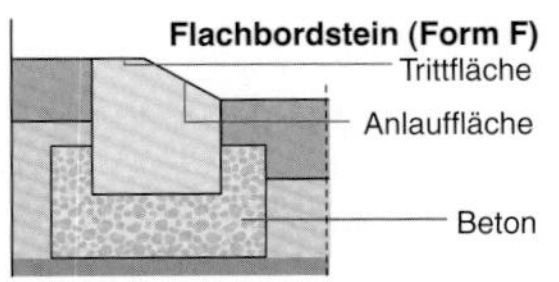


Länge 100 cm; Dicke/Höhe = 20 × 20 cm.

**Hochbord** Bordstein so gesetzt, dass er deutlich über das Gelände hinaussteht (i. d. R. 12 bis 15 cm) → Hochbordstein.

**Hochbordstein (Form H)** Länge 100 cm; Dicke/Höhe = 18 × 30, 18 × 25, 15 × 30, 15 × 25 cm → Hochbord.

**Kantensteine** nicht genormte Einfassungssteine.

**Kurvensteine**

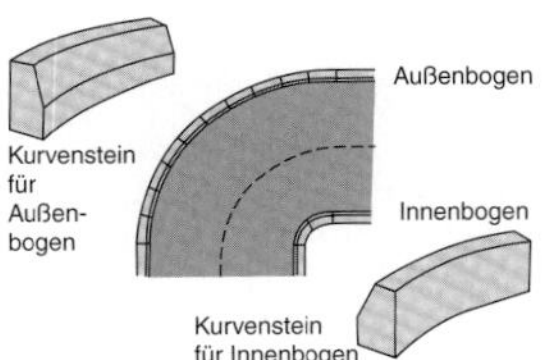


spezielle Bordsteine zur Ausbildung von Kurven (Bögen).

**Materialien zur Randausbildung**

Pflastersteine aus Naturstein (Großpflaster), Beton oder Klinker als Rollschicht, Binder oder Läuferreihen, Bordsteine aus Beton oder Naturstein, Rand-/Einfassungssteine, Fließrinnen, Kleinpallisaden, Metall- oder Kunststoffschienen, Mauern.

**Randeinfassung**

Einfassung an den Außenkanten von Wegen und Plätzen.

**Rasenbord/Rasenbordstein**

Bordstein zum Einfassen von Vegetationsflächen und Wegen ohne Fahrzeugverkehr. Nicht genormt, Länge z. B. 50, 75, 100 cm; Dicke/Höhe = 6 × 25, 5 × 25, 5 × 20 cm.

**Rückenstütze aus Beton**

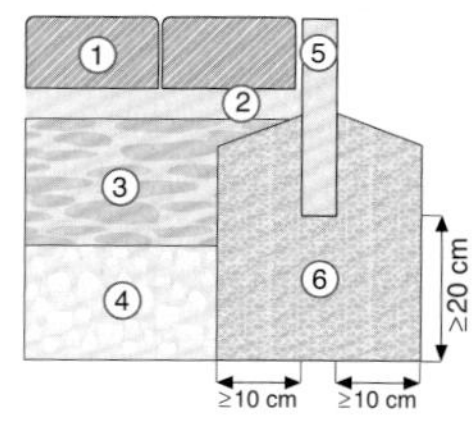


ein an einer (einseitige Rückenstütze) oder beiden Seiten (beidseitige Rückenstütze) des Bordsteins hochgezogenes Fundament.

① Pflasterbelag
② Bettung/Ausgleichsschicht
③ Tragschicht
④ Frostschutzschicht
⑤ Randstein
⑥ Fundament und Rückenstütze aus Beton (B 15 = C 12/15)

**Rundbord/Rundbordstein (Form R)**

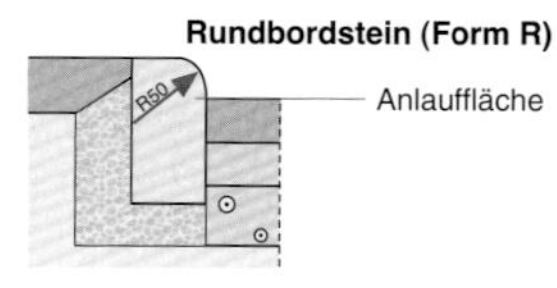


weist eine runde Querschnittsform auf. Wird z. B. bei Einfahrten (erleichtert das Überfahren) verwendet.
Länge 100 cm; 18 × 22, 15 × 22 cm.

**Stoßfuge**

Fuge (5–10 mm) zwischen den Bordsteinen.

**Tiefbord/Tiefbordstein (Form T)**

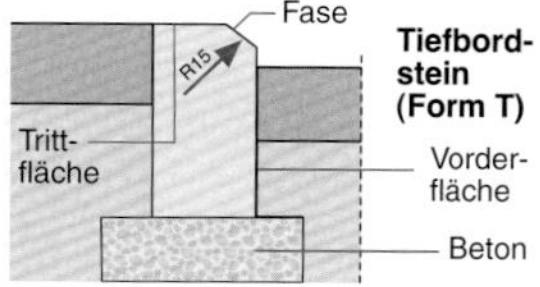


Bordstein höhengleich mit der angrenzenden Wegefläche bzw. 1 bis 3 cm tiefer gesetzt. Länge 50, 100 cm; 10 × 30, 10 × 25, 8 × 25, 8 × 20 cm.

**Trittfläche** Oberfläche des Bordsteins.

**Übergangssteine**

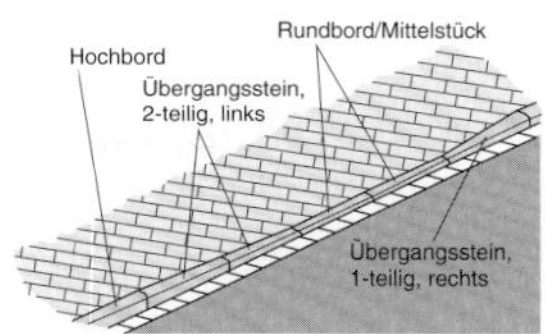


spezielle Bordsteine, die zur Herstellung des Übergangs zwischen den flachen Rundbordsteinen an Überfahrten zu den Hochbordsteinen verwendet werden. Ihre Querschnittsform geht vom Hochbord zum Rundbord über.

### 5.2.5 Oberflächenentwässerung

**Abflussbeiwert** gibt an, wie viel der anfallenden Wassermenge abgeführt werden muss; abzuführende Wassermenge = anfallende Wassermenge – Versickerungsmenge. Ein Abflussbeiwert von 0,8 heißt, dass 80 % des anfallenden Wassers abgeführt werden müssen.

**Abflussspende/Regenspende** gibt die Menge des anfallendes Regenwassers in Liter pro Sekunde und ha an.

**Ablauf** punktförmige Einrichtung zur Aufnahme abfließenden Oberflächenwassers (→ Hof- und → Straßenablauf). Er besteht aus Aufsatz, Ausgleichselementen/-ringen, Schaft mit Schlammeimer und Bodenteil mit oder ohne Geruchsverschluss sowie mit oder ohne Schlammfang.

**ACO-Drän-Rinne** Kastenrinne mit eingebautem Eigengefälle von 0,6 %.

**Belastungsklassen** Belastungsklassen A, B, C, D, E und F geben die Belastung von → Hof- (A, B, C) und → Straßenabläufen (D, E, F) an. A, B und C (genauer A 15, B 125, C 250) werden überwiegend eingebaut: A 15 (= 1,5 t): Fußgänger, Radfahrer, Rollstühle; B 125 (= 12,5 t): PKW, Lieferwagen; C 250 (= 25,0 t): LKW, Lieferverkehr, Feuerwehrzufahrt.

**Bordrinne** eine Rinne, die aus einem Hochbord und der angrenzenden Decke besteht.

**Dachprofil**

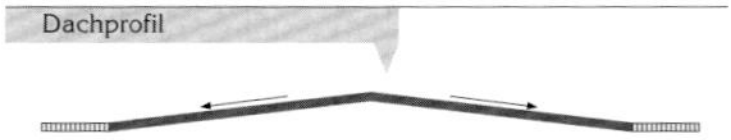

Dachprofil

dachförmige Ausbildung der Oberfläche. Führt dazu, dass das Wasser zu beiden Seiten abgeführt wird.

**DN**

Durchmesser Nominal (= Nennweite oder innerer Durchmesser), z. B. DN 125 = innerer Durchmesser 125 mm.

**Dränage**

dient zur Abführung überschüssigen Wassers aus dem Boden.

**Durchmesser Nominal**

Nennweite oder innerer Durchmesser eines Rohres.

**Einlaufquerschnitt**

Wasser aufnehmende Oberfläche eines Ab-/Einlaufes: 1 cm$^2$ Einlaufquerschnitt kann 1 m$^2$ Einzugsfläche aufnehmen (Faustzahl).

**einseitiges Quergefälle**

Einseitiges Quergefälle

die Fläche ist zu einer Seite geneigt, sodass die Entwässerung nur zu einer Seite erfolgt.

**Einzugfläche**

Fläche, die über einen Hof- ca. 200 m$^2$ (Einlaufquerschnitte 215 bis 260 cm$^2$) bzw. Straßenablauf ca. 800 m$^2$ (Einlaufquerschnitte 720 bis 1085 cm$^2$) entwässert werden kann.

**Entwässerungsrinnen**

Rinnen zur Aufnahme und Ableitung von Oberflächenwasser aus angrenzenden befestigten Flächen: → Bordrinnen, → Spitzrinnen, → Muldenrinnen, → Kastenrinnen, → Pendelrinnen.

**Flächenneigung**

→ Quergefälle/-neigung

**Flächenversiegelung**

Flächen, die aufgrund ihrer Oberflächenbeschaffenheit (z. B. Asphalt, Pflaster) kein oder nur wenig Niederschlagswasser in den Untergrund versickern lassen.

**Gefälle** gibt den Grad einer Neigung an, die z. B. ein Weg, ein Gelände, eine Rohrleitung aufweist. Schaut man von unten nach oben, spricht man von Steigung (vgl. Seite 41).

**gewölbtes Profil/ Überbogen**

Gewölbtes Profil (Überbogen)

„überbogene" → Oberflächenprofilierung

**Hofabläufe/einläufe** → Abläufe, die für kleinere Flächen und geringere Verkehrslasten ausgelegt sind. → Belastungsklassen A und B.

**Kastenrinne** eine U-förmigen Rinne mit oder ohne eingebautem Gefälle, die mit Rosten oder Deckeln abgedeckt ist.

**Längsgefälle/ Längsneigung** Gefälle in Geh- oder Fahrtrichtung.

**maximale Regenspende** gibt maximale Menge des anfallenden Regenwassers in Liter pro Sekunde und ha an (= maximale Abflussspende).

**Mischwasserkanalisation** Kanalisation, bei der Schmutz- und Regenwasser in einer gemeinsamen Rohrleitung abgeleitet werden.

**mm Niederschlag** Liter Regenwasser pro $m^2$, z. B. 1 mm = 1 l Wasser/$m^2$.

**Muffen** Rohrverbindungen (Steckmuffen, Überschiebemuffen, Aufklebemuffen).

**Muldenrinnen** mit Muldensteinen oder mehrzeilig mit Pflastersteinen (z. B. 3-, 5-, 7- oder 9-zeilig) muldenförmig ausgebildete Rinnen. Sie können am Rande wie auch innerhalb der zu entwässernden Fläche liegen.

**Nennweite** innerer Durchmesser eines Rohres.

**Niederschlag** Wasserabgabe aus der Atmosphäre, vor allem in Form von Regen.

**Oberflächenentwässerung** dient zur Abführung des nicht versickernden Niederschlags.

**Oberflächengefälle** Gefälle einer Oberfläche, z. B. eines Weges, dabei kann man zwischen → Quer- und → Längsgefälle unterscheiden.

**Oberflächenprofilierung/Querprofil** gibt die Art der Ausbildung des Quergefälles an: → einseitiges Quergefälle, → Dachprofil, → gewölbtes Profil (Überbogen), → Trichterprofil.

**Pendelrinne** eine Rinne, bei der das Quergefälle von einem Hochpunkt zu den Abläufen hin zunimmt, sich die Querneigung der Rinne also linear zwischen Hoch- und Tiefpunkten ändert. Die Bordansicht wechselt so von ca. 8 cm auf bis zu 18 cm. Sie werden ausgebildet, wenn bei einer Fläche die Längsneigung kleiner 0,5 % ist. Über die unterschiedlichen Querneigungen wird in der Rinne ein ausreichendes Längsgefälle für den Wasserablauf gewährleistet.

**Quergefälle/ Querneigung** Gefälle/Neigung (2,5–3 %) quer zur Geh-/Fahrtrichtung, Terrassen 1 bis 2 % (max. 2,5 %).

**Regenspende/Abflussspende** gibt die Menge des anfallenden Regenwassers in Liter pro Sekunde und ha an.

**Revisionsrohr** Rohr mit Reinigungsöffnung (Reinigungsrohr).

**Rinne** sammelt das Oberflächenwasser und leitet es zu den Abläufen. → Entwässerungsrinnen.

**Schlitzrinne** das Oberflächenwasser wird durch einen kleinen durchlaufenden etwa 15 mm breiten Spalt aufgenommen.

**Schrägneigung** ist die Neigung mit dem größten Gefälle. Sie ergibt sich als Resultierende aus dem → Längs- und → Quergefälle. In Richtung der Schrägneigung fließt das Wasser.

**Spitzrinne** eine Rinne, die aus einem außen liegenden Hochbord sowie einer befestigten Ablauffläche mit einer größeren Querneigung als die angrenzende Fläche besteht.

**Steigung** → Gefälle

**Straßenabläufe/ Straßeneinläufe**
→ Abläufe/Einläufe, die für größere Flächen und höhere Verkehrslasten ausgelegt sind. → Belastungsklassen C, D, E und F.

**Trichterprofil**
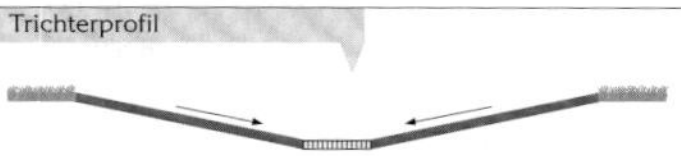


Oberflächenprofilierung, bei der sich die tiefste Stelle innerhalb der zu entwässernden Fläche befindet.

**Überbogen**
→ gewölbtes Profil

## 5.2.6 Dränage

**Abscheider**
Anlage zur Trennung von Wasser und schädlichen Stoffen (z. B. Öle, Fette), bevor das Wasser in die öffentliche Kanalisation eingeleitet wird.

**Dränage**
dient zur Abführung überschüssigen Wassers aus dem Boden.

**Dränageschacht**
Schacht, in dem sich das Dränagewasser wie auch Regenwasser sammelt. Das Wasser wird von hier mit Hilfe einer Pumpe in den → Vorfluter geleitet. Ermöglicht Inspektion und Reinigung der Leitung.

**Dränrohre**
Rohre zum Aufnehmen und Ableiten überschüssigen Bodenwassers.

**Einzugsbereich**
→ Saugerabstand

**Filterschicht**
sorgt dafür, dass kein Bodenmaterial in die Dränagerohre eindringt (z. B. Dränagekies und Filtervlies).

**Längsdränung**
Sauger werden in Richtung des Gefälles verlegt.

**Nennweite**
innerer Durchmesser eines Rohres (Sauger $\geq$ 50 mm, Sammler $\geq$ 65 mm).

**Querdränung**
Sauger werden quer zum Gefälle verlegt.

**Sammler** Sammelleitung zum Aufnehmen des Wassers aus den → Saugern.

**Sandfang** z. B. Dränageschacht unterhalb der Dränagewassereinleitung. Dient der Entfernung des Sandes aus dem Wasser. Funktion beruht auf der Verringerung der Fließgeschwindigkeit ($\leq$ 0,3 m/s = 1,1 km/h), sodass schwerere Stoffe (Sand, Kies) absinken (sedimentieren).

**Sauger** Dränrohre, die das Wasser aus dem Boden aufnehmen und in den Sammler (Sammelleitung) leiten.

**Saugerabstand/Einzugsbereich** Abstand zwischen den einzelnen Saugern. In Tonböden (bindigen Böden) 4 bis 8 m, in Sandböden (nicht bindigen Böden) bis 20 m.

**Schlammfang** dient zur Entfernung absetzbarer Stoffe aus dem Abwasser.

**Übergabeschacht** Kontrollschacht an Anschlussleitung zur öffentlichen Kanalisation (Regenwasserleitung, Schmutzwasserleitung). Dient als Kontrollschacht und ist gemäß DIN herzustellen.

**Ummantelung** der Dränrohre mit Kokos- oder Kunststofffasern verhindert das Eindringen feiner Bodenteilchen.

**Vorfluter** ein System, in das Wasser geleitet wird (Graben, Bach, Fluss. . .).

### 5.2.7 Regenwasserversickerung

**Dränbetonstein** bestehen aus Einkornbeton. Anfallendes Niederschlagswasser wird aufgrund des erhöhten Porenvolumens (enge Kornabstufung) durch den Stein abgeleitet.

**dezentrale Versickerung** die Versickerung erfolgt dort, wo das Wasser anfällt, z. B. auf Grundstücken.

**Durchlässigkeitsbeiwert $k_f$** gibt die Sickergeschwindigkeit des Wassers (m/s) im Boden im gesättigten Zustand an, → Wasserdurchlässigkeit, → $k_f$-Wert.

**Grauwasser** gering verschmutztes Wasser aus Waschbecken, Dusche und Badewanne.

**$K_f$-Wert** → Durchlässigkeitsbeiwert

**Mulden-Rigolen-Versickerung** Kombination aus → Mulden- und → Rigolenversickerung.

**Muldenversickerung** das anfallende Oberflächenwasser wird oberirdisch einer Mulde zugeführt, wo es dann versickert.

**offene Rigole** der Kieskörper ist sichtbar (→ Rigole).

**Rasengitterstein** Betonplatte mit einer Vielzahl von Sickeröffnungen, in die Erde gefüllt und Gras eingesät wird.

**Rasenpflaster** Pflasterung mit 4 bis 5 cm breiten Fugen, in die Rasen eingesät wird.

**Rentention** Zurückhalten von Wasser.

**Rigole** ein mit Kies (8/16 bzw. 16/32) gefüllter, offener Graben.

**Rigolenversickerung** das anfallende Oberflächenwasser wird oberirdisch seitlich in einen mit Kies gefüllten Graben (→ Rigole) geleitet.

**Rohr-Rigolen-Versickerung** Kombination von → Rohr- und → Rigolenversickerung.

**Rohrversickerung** die Versickerung erfolgt über einen Rohrstrang.

**Ruderalgesellschaft** → Trittgesellschaft

**Schotterrasen** 15 cm dicke Vegetationstragschicht aus einem hohlraumreichen Gemisch aus Schotter 32/45 und Oberboden, das verdichtet und mit Rasen (Strapazierrasen) eingesät wird.

**Sickergrube** Grube zum Versickern von Wasser.

**Trittgesellschaft** setzt sich aus Pflanzen zusammen, die trittfest sind und auf stark verdichteten Böden gedeihen können, wie z. B. Breitwegerich, Weißklee und Vogelknöterich.

**Versickerungsmulde**: eine Mulde, in der das anfallende Oberflächenwasser versickert.

**versiegeln**: Bodenflächen wasserundurchlässig machen durch Bebauung, Straßen und Plätze.

**Wasserdurchlässigkeit**: des Bodens äußert sich in der Sickergeschwindigkeit des Wassers (m/s), das nach unten abläuft.

**zentrale Versickerung**: das gesamte Niederschlagswasser eines Einzugsgebietes wird über Regenwasserleitungen zu einer Versickerungsanlage geleitet.

## 5.3 Mauerbau

### 5.3.1 Ziegelmauerwerk

**2 DF**: 2 × → Dünnformat; Maße: Länge 24 cm, Breite 11,5 cm, Höhe 11,3 cm.

**3 DF**: 3 × → Dünnformat; Maße: Länge 24 cm, Breite 17,5 cm, Höhe 11,3 cm.

**Achtelmeter (am)**: 12,5 cm. Dies sind 1/8 eines Meters (100 cm : 12,5 cm = 8)

**am**: → Achtelmeter

**Ausblühungen**: Salzablagerungen auf der Maueroberfläche. Sie sind in erster Linie die Folge von eindringender Feuchtigkeit in das Mauerwerk. Das Wasser löst in der Mauer Salze. Verdunstet es, bleiben die gelösten Salze an der Maueroberfläche zurück.

**Baumaß**: → Baurichtmaß

**Baunennmaß/Nennmaß**: gibt die tatsächlichen Mauermaße an (Baurichtmaße zuzüglich oder abzüglich der für das Mauerwerk festgelegten Fugendicke). Wird in Anführungszeichnungen angegeben.

**Baurichtmaß/Baumaß/ Rohbaurichtmaß** die Länge eines Ziegels (24 cm) plus Fuge (1 cm) ergibt das Baumaß/Baurichtmaß von 25 cm. Die Breite eines Ziegels (11,5 cm) plus Fuge (1 cm) ergibt mit 12,5 cm ein halbes Baumaß. Die Höhe eines Ziegels im Dünnformat (5,2 cm) ergibt mit Fuge (1,05 cm) 6,25 cm, ein Viertel vom Baumaß. Gibt ein Vielfaches des → Achtelmeters an. Wird in Entwurfszeichnungen angegeben.

**Benennung einer Mauer** erfolgt nach ihrer Dicke in Zentimetern, z. B. 11,5er Mauer, 24er Mauer, 36,5er Mauer.

**Binder/Bindersteine** Steine, die im Mauerwerk senkrecht zur Mauerflucht angeordnet sind (in Querrichtung vermauert).

**Binderseite** Kopfseite eines Steines.

**Bindersteine** → Binder

**Binderverband** alle Schichten bestehen aus → Bindern. Schichten sind um eine halbe Steinbreite versetzt.

**Blendsteine** bessere, schönere Steine zum Verkleiden eines Mauerwerks.

**Blockverband** Binder- und Läuferschichten wechseln sich ab, Fugen sind um 1/4 Stein versetzt, Stoßfugen der gleichartigen Schichten liegen senkrecht übereinander.

**DF** → Dünnformat

**Dreiviertelstein** Berechnung: 11,5 cm (→ halber Stein) + 5,25 cm (→ Viertelstein) + 1 cm (Fuge) = 17,75 cm.

**Dünnformat (DF)** gebräuchlichstes Ziegelsteinformat: Länge 24 cm, Breite 11,5 cm, Höhe 5,2 cm. Alle anderen Steinformate werden als Vielfaches vom Dünnformat hergestellt und bezeichnet: z. B. 2 DF, 3 DF

**englischer Verband** auf eine Binderschicht folgen zwei oder drei Läuferschichten.

**flämischer Verband** → holländischer Verband

**Frischmörtel** gebrauchsfertiger Mörtel.

**Fugeisen** → Fugenkelle

**Fugenkelle/Fugeisen** Kelle mit langem, dünnen Metallblatt zum Verfugen von Mauern.

**Fugenversatz** → Überbindung

**gotischer/polnischer Verband** in den einzelnen Schichten wechseln sich Binder und Läufersteine ab.

**halber Stein/Halbstein** Berechnung: 24 cm – 1 cm (Fuge) = 23 cm; 23 cm : 2 = 11,5 cm.

**holländischer/flämischer Verband** auf eine durchgehende Binderschicht folgt eine Schicht, in der Läufer- und Bindersteine abwechseln.

**Kalkmörtel** 1 Teil Kalk : 3 Teile Sand (Mörtelgruppe I).

**Kalksandstein** ein ungebrannter Mauerstein aus Kalk, Quarzsand und Wasser, der bei Temperaturen von 160 bis 220 °C unter Dampfdruck gehärtet wird.

**Kalkzementmörtel** 1 Teil Zement : 2 Teile Kalk : 8 Teile Sand (Mörtelgruppe II).

**Klinker** Ziegelsteine, die bei Temperaturen von 1100°C bis zur → Sinterung gebrannt werden (gesinterte Ziegel).

**Kreuzfuge** Stoßfuge auf Stoßfuge, nicht versetzt. Weil Stoßfugen die Stabilität einer Mauer verringern, sind sie zu vermeiden.

**Kreuzverband** Binder- und Läuferschicht wechseln sich ab, Stoßfugen der Binderschichten liegen senkrecht übereinander, Stoßfugen zweier aufeinander folgender Läuferschichten sind um eine halbe Steinlänge (12,5 cm) versetzt.

**Kopfmaß** Breite eines Steines.

**Läufer/Läufersteine** Steine, die in Längsrichtung vermauert, d. h. parallel zur Mauerflucht angeordnet sind.

**Läufersteine** → Läufer

**Läuferverband** alle Schichten bestehen aus Läufern. Schichten sind um eine halbe Steinlänge versetzt. Stoßfugen liegen in Steinmitte.

**Lagerfuge** Fuge zwischen den Lagerflächen zweier Steinschichten, verläuft waagerecht, bis 1,25 cm dick.

**märkischer Verband** in einer Schicht folgen auf einen Binder zwei Läufer.

**Mauerfundament** Fundament aus Beton. Seine Tiefe sollte 80 bis 100 cm (maximale Frosttiefe), seine Breite auf jeder Seite 5 cm breiter als die Mauer sein (Faustregel).

**Mauerhöhe** Höhe einer Mauer: (Steinhöhe + Lagerfugendicke) × Anzahl der Schichten.

**Mauersteinverbände** die Art der Anordnung der Steine in einer Mauer, z. B. Läuferverband, Blockverband, Binderverband, Kreuzverband.

**Maurerhammer** Hammer mit zwei verschiedenen Enden. Hinterer Teil dient zum Festklopfen von Steinen, vordere Schneidefläche dient zum Bearbeiten von Steinen, z. B. zum Halbieren von Ziegel- oder Kalksandsteinen.

**maximale Frosttiefe** Bodenfrost bis zu einer Tiefe von 80 bis 120 cm.

**Mindestüberbindemaß** der Steine, die Überbindung muss mindestens das 0,4fache der Steinhöhe betragen und darf nicht kleiner als 4,5 cm sein: Mindestüberbindemaß = 0,4 × Steinhöhe ≥ 4,5 cm.

**Mörtelgruppe I** → Kalkmörtel

**Mörtelgruppe II** → Kalkzementmörtel

**Mörtelgruppe III** → Zementmörtel

**Nennmaß** → Baunennmaß

**Normalformat (NF)** hat im Gegensatz zum → Dünnformat eine Höhe von 7,1 cm.

| | |
|---|---|
| **polnischer Verband** | → gotischer Verband |
| **Rohbaurichtmaß** | → Baurichtmaß |
| **Rollschicht** | eine hochkant gesetzte Klinkerschicht. |
| **schlesischer Verband** | in den einzelnen Schichten folgt auf drei Läufersteine ein Binderstein. |
| **Senklot** | Schnur mit Blei- oder Eisenbeschwerung, häufig in Form eines umgedrehten Tropfens. Dient zum Anreißen in der Senkrechten (vgl. Seite 31). |
| **Sichtmauerwerk** | Steine und Fugen bleiben sichtbar. |
| **Sinterung** | Klinker werden bei Temperaturen von ca. 1200 °C bis zur Sinterung, d. h. bis zur Schmelze der keramischen Masse gebrannt. |
| **Stoßfuge** | Fuge zwischen den Kopfflächen zweier Steine (dort wo sie zusammenstoßen), verläuft senkrecht, bis 1 cm dick. |
| **Trockenmörtel** | fertige Mischung, der noch Wasser zugegeben werden muss. |
| **Überbindung/Fugenversatz** | durch das Versetzen der übereinander angeordneten Steine kommt es zu einer Überbindung, wird auch als Fugenversatz bezeichnet. |
| **Verband** | → Mauersteinverbände |
| **Verblendung** | Verkleiden eines Mauerwerks mit besseren (schöneren) Steinen. |
| **Viertelstein** | Berechnung: 11,5 cm – 1 cm (Fuge) = 10,5 cm; 10,5 cm : 2 = 5,25 cm. |
| **Vollklinker** | ungelochte Ziegel, die bis zur → Sinterung gebrannt sind. |
| **wilder Verband** | Läufer- und Bindersteine sind in den einzelnen Schichten beliebig angeordnet, jedoch nie mehr als 5 Läufer hintereinander. |

**Zementmörtel** 1 Teil Zement : 4 Teile Sand (Mörtelgruppe III) (vgl. Seite 93).

**Ziegel** Ziegelsteine, die nicht bis zur → Sinterung, also bei niedrigeren Temperaturen gebrannt werden (nicht gesinterte Ziegel).

**Ziegelsteinformat** das gebräuchlichste Format ist das → Dünnformat, von dem alle anderen Formatbezeichnungen abgeleitet werden.

**Zierverband** Verblendverbände, verschönern über ihr Fugenbild das Aussehen einer Mauer.

### 5.3.2 Mauern aus Naturstein

**Anlauf/Dossierung** die Neigung, mit denen die Steine zur Böschung hin aufgesetzt werden.

**Ansicht** sichtbarer Teil der Mauer.

**Beil** ein sehr breiter Flächenhammer, mit dem bei der Natursteinbearbeitung die gröbsten Unebenheiten in den Lager- und Sichtflächen geflächt werden.

**Binder** Steine, die senkrecht zur Mauerflucht angeordnet sind. Sie „binden" durch die ganze Mauerstärke und erhöhen dadurch ihre Stabilität.

**Bossen** abzuarbeitendes Material.

**Bossierhammer** Werkzeug zur Natursteinbearbeitung. Mit ihm werden aus dem Gestein winkelrechte Blöcke mit unregelmäßiger Oberfläche (Rohform) herausgeschlagen.

**Brekzien** Weichgestein, Ablagerungsgestein aus eckigen Gesteinstrümmern.

**Bruchsteinmauerwerk** Mauersteinverband, Kennzeichen: verschiedene Steingrößen und -formen, unregelmäßiges Fugenbild, ohne erkennbaren Verband, lagerhafte Steine mit weitgehend ebenen und parallelen Bruchflächen, Steine nur leicht bearbeitet.

**Dossierung** → Anlauf

**Einbindtiefe** die Tiefe, mit der Binder in einem Mischmauerwerk in die Hintermauerung einbinden.

**Fäustel** Werkzeug zur Natursteinbearbeitung. Dient zum Treiben der Meißel.

**Flachmeißel** → Schlagmeißel

**flächen des Gesteins** die gröbsten Unebenheiten in den Lager- und Sichtflächen werden geflächt.

**Flächenhammer** Werkzeug zur Natursteinbearbeitung. Dient zum → Flächen des Gesteins.

**Grauwacke** Weichgestein, sehr fester Sandstein.

**hammergerechtes Schichtenmauerwerk** Mauersteinverband, Kennzeichen: unterschiedliche Steinformate, Steinhöhen in den einzelnen Schichten können verschieden sein, Steine sind hammergerecht auf mindestens 12 cm Tiefe bearbeitet.

**Hartgestein** schwer zu bearbeitende Natursteine, z. B. Granit, Gneis, Quarzit, Basalttuff.

**Kalktuffe** Weichgestein, poröser Kalkstein.

**Knirschfuge/Pressfuge** Stein an Stein verlegt.

**Konglomerat** Weichgestein, → Nagelfluh.

**Kreuzfuge** Stoßfuge auf Stoßfuge, nicht versetzt. Weil Stoßfugen die Stabilität einer Mauer verringern, sind sie zu vermeiden.

**Krönel/Kröneleisen** Werkzeug zur Natursteinbearbeitung. Es besteht aus 12 bis 15 → Spitzeisen. Mit ihm werden die Steinflächen gleichmäßig grob gekörnt.

**Kröneleisen** → Krönel

**Läufer/Läufersteine** Steine, die in Längsrichtung vermauert, d. h. parallel zur Mauerflucht angeordnet sind.

**Lagerfuge** Fuge zwischen den Lagerflächen zweier Steinschichten, verläuft waagerecht, bis 1,25 cm dick.

**lagerhafter Stein** geschichteter Stein

**Mauerfuß** untere Mauerpartie

**Mauerkrone** obere Mauerpartie

**Mischmauerwerk** wenn beim Hochmauern eines → Verblendmauerwerks gleichzeitig der Beton geschüttet und verdichtet bzw. die Hintermauerung durchgeführt wird.

**Muschelkalkstein** Weichgestein, dauerhafter Kalkstein.

**Nagelfluh** Ablagerungsgestein aus gerundeten Gesteinstrümmern.

**Preller** → Setzeisen

**Pressfuge** → Knirschfuge

**Quader** Steine, die in ganzer Tiefe bearbeitet sind.

**Quadermauerwerk** Mauersteinverband, Kennzeichen: alle Schichten sind gleich hoch, Stoß- und Lagerfugen stehen senkrecht zueinander, Steine sind in ganzer Tiefe bearbeitet (Quader).

**regelmäßiges Schichtenmauerwerk** Mauersteinverband, Kennzeichen: Steine regelmäßig verlegt, Steine von ähnlicher Schicht gleich hoch, Lagerflächen der Steine in ganzer Tiefe bearbeitet, Stoß- und Lagerfugen senkrecht zueinander, erkennbarer Verband.

**Sandstein** Weichgestein, am meisten zum Bau von Natursteinmauern verwendet.

**Scharriereisen** Werkzeug zur Natursteinbearbeitung. Dient zur Beseitigung von Unebenheiten. Dazu werden breite, parallel zueinander geführte Schläge über die Fläche geführt, sodass die Fläche mit gleichmäßig breiten Rillen überzogen wird.

**Scheintrockenmauer** besteht aus einer sichtbaren Natursteinverblendung und einer dahinter stehenden Mauer aus künstlichen Steinen oder Beton.

**Schichtenmauerwerk** Mauersteinverband → hammergerechtes Schichtenmauerwerk, → regelmäßiges Schichtenmauerwerk, → unregelmäßiges Schichtenmauerwerk (Wechselmauerwerk).

**Schiefer** Weichgestein, Tonschiefer (vgl. Seite 58).

**Schlageisen** → Schlagmeißel

**Schlagmeißel** Werkzeug zur Natursteinbearbeitung. Dient zum Bearbeiten der Ecken und Kanten.

**Setzeisen** Werkzeug zur Natursteinbearbeitung. Dient zum Bekannten, Spalten und Abschlagen größerer Teile.

**Spalteisen** → Scharriereisen

**Spitzeisen** → Spitzmeißel

**Spitzmeißel** Werkzeug zur Natursteinbearbeitung. Dient zur Beseitigung stehen gebliebener → Bossen.

**Stemmer** → Setzeisen

**Stockhammer** Werkzeug zur Natursteinbearbeitung. Dient zum grob, fein oder schleifgerechten Stocken von Hartgestein (wird nicht gekrönelt oder scharriert).

**Stoßfuge** vertikale Fuge

**Stützmauer** Mauer zur Böschungssicherung oder Terrassierung hängigen Geländes.

**Trockenmauer** eine Mauer, die „trocken", d. h. ohne Mörtel aufgemauert wird.

**Überbindung/Überdeckung** das gegeneinander Versetzen der übereinander angeordneten Steine, sodass nie Stoßfuge über Stoßfuge zu liegen kommt (= Überdeckung/Überbindung der Stoßfugen).

**Überdeckung** → Überbindung

**unregelmäßiges Schichtenmauerwerk/ Wechselmauerwerk** Mauersteinverband, Kennzeichen: Lagerfugen sind durch → Wechsler unterbrochen, häufig wechselnde Schichthöhen innerhalb einer Schicht wie auch zwischen den verschiedenen Schichten, nach Wechsler mit anderer Schichthöhe weitergemauert, Steine auf mindestens 15 cm Tiefe bearbeitet, Stoß- und Lagerfugen senkrecht zueinander.

**Verblendmauerwerk** Mauersteinverband, Kennzeichen: besteht aus einer sichtbaren Natursteinverblendung (Natursteinplatten oder Natursteine) und einer dahinter stehenden Mauer aus künstlichen Steinen oder Beton.

**Wechselmauerwerk** Mauersteinverband → unregelmäßiges Schichtenmauerwerk

**Wechsler** Steine, die aufgrund ihrer Größe durchlaufende Schichten unterbrechen.

**Weichgestein** leicht zu bearbeitende Natursteine, z. B. Muschelkalkstein, Kalkstein, Kalktuffe, Brekzien, Konglomerat, Sandstein, Grauwacke, Schiefer.

**Zahneisen** → Zahnmeißel

**Zahnmeißel** Werkzeug zur Natursteinbearbeitung. Mit ihm werden stehen gebliebene → Bossen entfernt.

**Zweispitz** Werkzeug zur Natursteinbearbeitung. Dient zum Beseitigen stehen gebliebener → Bossen.

**Zyklopenmauerwerk** Mauersteinverband, Kennzeichen: unregelmäßige, weitgehend unbearbeitete, häufig rundliche Bruch-, Feld- oder Findlingssteine werden verwendet, unregelmäßiges Fugenbild, kein Verband.

## 5.4 Treppenbau

**Abstufung** bei größeren Höhendifferenzen (mehr als 5 Stufen) wird aus Kostengründen (Materialeinsparung) die Fundamentsohle abgestuft.

**Absturzsicherung** z. B. senkrecht angebrachte Stäbe oder Gitter als Ergänzung zum Handlauf.

**Antrittsstufe** unterste Stufe einer Treppe.

**Auftritt** die nutzbare Stufentiefe.

**Austrittsstufe** oberste Stufe einer Treppe.

**Bauwerkslast** Eigengewicht + Verkehrslast (auch als Nutzlast bezeichnet. Ist die Last, die durch die Benutzung der Treppe hervorgerufen wird).

**Blockstufe** Stufe aus einem Stück (einem Block). Verlegung erfolgt mit leichtem Überstand (≥ 2 cm).

**einläufige Treppe** Treppe ohne Zwischenpodest.

**frostbeständige Gründung** das Betonfundament (≥ 40 cm) lagert auf einer Frostschutzschicht, Betonfundament und Frostschutzschicht müssen zusammen eine Dicke von ≥ 80 cm aufweisen.

**frostfreie Gründung** Betonfundament ≥ 80 cm.

**Fundament** → unstarres Fundament, → starres Fundament.

**Gründung** Fundamentierung: → frostbeständige Gründung, → frostfreie Gründung

**Lauflinie** ist ein Pfeil in einem Plan, der die Treppenlänge/-lauflänge darstellt. Er verläuft in Richtung Steigung und reicht von der Vorderkante der untersten (Antrittsstufe) bis zur Vorderkante der obersten Stufe (Austrittsstufe).

**Lauflinienpfeil** → Lauflinie

**Legestufe** Stufenplatte von 3 bis 10 cm Stärke, die mit Unterlagen aus dem gleichen Material unterlegt wird.

**Podest** Treppenabsatz, dient zur Unterbrechung zu langer und damit unbequemer Treppen sowie als gestalterisches Element.

**Podestlänge** ergibt sich aus der Schrittzahl plus dem Auftritt der Austrittsstufe.

**Schattennase** Überstand bei Verlegung von Blockstufen führt zu einem Schattenwurf, der die Stufen leichter erscheinen lässt.

**Schrittmaß** 63 bis 68 cm.

**Schrittmaßformel** 2 × Stufenhöhe + Auftritt = Schrittlänge.

**Schrittwechsel** wenn mehrere Treppen hintereinander folgen, soll jede Treppe mit einem anderen Bein angegangen werden. Dazu muss auf dem Podest zwischen den Treppen ein Schrittwechsel stattfinden (auf eine gerade Stufenzahl auf dem Podest folgt eine ungerade Schrittzahl und umgekehrt).

**starres Fundament** Fundament aus gebundenen Schüttstoffen (Beton).

**Steigung einer Treppe** ergibt sich aus dem Verhältnis Stufenhöhe zu Auftritt → Steigungsverhältnis.

**Steigungsverhältnis** Steigungsverhältnis = Stufenhöhe : Auftritt, z. B. 15/35.

**Stellstufe** Stufenplatte ist senkrecht gestellt. Der ausgekofferte Auftritt kann z. B. ausgepflastert, bekiest, mit Platten belegt oder mit Rindenmulch ausgefüllt werden.

**Streifenfundament** Betonstreifen, z. B. längs der Laufrichtung, auf denen die Stufenenden aufliegen.

**Stufenarten** → Blockstufen, → Legestufen, → Stellstufen.

**Stufenbauhöhe** Stufenhöhe + Gefälle.

**Stufengefälle** sollte bei 1 cm/Stufe liegen (etwa 1 bis 3 %).

**Stufenhöhe** Höhe einer Stufe (mindestens 10 cm, höchstens 16 cm).

**Treppenbauhöhe** → Stufenbauhöhe × Anzahl der Stufen.

**Treppenlänge** → Auftritt × Anzahl der Stufen.

**Treppenlauf** Treppe

**unstarres Fundament** Fundament aus ungebundenen Schüttstoffen, wie z. B. Kies-Sand oder Splitt.

**Vollfundament** ein frostfrei gegründeter Betonblock unter der gesamten Treppe in voller Länge, Breite und Tiefe.

**Wange** treppenbegleitende Mauer.

**Winkelstufe** Stellstufe aus L-Steinen.

**zweiläufige Treppe** Treppe aus zwei Treppenläufen mit einem Zwischenpodest

## 5.5 Holzbau

### 5.5.1 Aufbau und Eigenschaften des Holzes

**„arbeiten" des Holzes** Aufnahme und Abgabe von Feuchtigkeit durch das Holz, wodurch es zu Veränderungen in Form und Volumen kommt.

**Bastteil** → Phloem

**Borke** äußere tote Gewebeschicht älterer Bäume, die aus totem Korkgewebe und abgestorbenem Rindengewebe besteht.

**Darrgewicht** Gewicht der reinen Holzmasse ohne → Wassergewicht.

**Dauerhaftigkeit** gibt die Beständigkeit (gegen Pilzbefall) des unimprägnierten Kernholzes bei ungünstigen Verhältnissen, wie Wechselfeuchte oder Erdkontakt, an und wird in 5 Klassen und entsprechenden Zwischenklassen ausgedrückt. Holz für den GaLabau sollte möglichst den Klassen 1 – 2 angehören.

**Dichte des Holzes** das Verhältnis der Holzmasse zum Gesamtvolumen ohne Berücksichtigung der Zellhohlräume gibt die Dichte an:

$$\text{Dichte} = \frac{\text{Masse}}{\text{Volumen}}$$

**Dickenwachstum** → sekundäres Dickenwachstum.

**Fasersättigungspunkt** ist erreicht, wenn sich im Holz nur noch → gebundenes Wasser befindet, die Holzfeuchte beträgt dann etwa 30 %.

**feinporige Hölzer** weisen Poren/Gefäße mit kleinem Durchmesser auf, z. B. Ahorn, Birke, Birne, Buche, Erle, Linde, Weide.

**feinstrukturierte Hölzer** Poren, Markstrahlen und Jahresringe sind nicht oder nur andeutungsweise erkennbar, z. B. bei Ahorn, Birne, Linde und Buchsbaum.

**Fladerschnitt** → Tangentialschnitt

**freies Wasser** Wasser in den Zellhohlräumen, das beim Trocknen verhältnismäßig schnell abgegeben wird.

**Frühholz** das im Frühjahr gebildete Holz. Es weist weitlumige Gefäße auf und dient ausschließlich der Wasserleitung.

**gebundenes Wasser** Wasser in den Zellwänden, dessen Abgabe nur langsam erfolgt.

**Gefäßteil** → Xylem

**Gewicht des Holzes** setzt sich aus dem Gewicht der reinen Holzmasse (→ Darrgewicht) und dem Gewicht des in den Zellen enthaltenen Wassers (→ Wassergewicht) zusammen.

**grobporige Hölzer** Hölzer mit großen Gefäßen, z. B. Eiche, Esche, Walnuss.

**Härte des Holzes** der Widerstand, den das Holz dem Eindringen eines Werkzeuges oder einem Abrieb/Kratzer/Verschleiß entgegensetzt.

**Harthölzer** → Kernhölzer:
mittelhart: Birne, Esskastanie, Lärche, Schwarzkiefer, Teak, Walnuss.
hart: Ahorn, Ebenholz, Eibe, Eiche, Esche, Kirsche, Mahagoni, Platane, Robinie, Rotbuche, Ulme.
sehr hart: Buchsbaum, Palisander, Pockholz, Weißbuche.

**Harz** Gemisch aus Terpenen, Harzsäuren und etherischen Ölen.

| | |
|---|---|
| **Harzgang/Harzgalle** | mit → Harz gefüllte Gänge/Gallen. |
| **Hirn- oder Querschnitt** | ein quer zur Faser angelegter Schnitt (Querschnitt), der das Hirnholz (Hirnschnitt) freilegt. |
| **Holzfarbe** | entsteht durch Einlagerung von Farb- und Gerbstoffen in den Zellen. |
| **Holzteil** | → Xylem |
| **Jahresring** | Abschnitt zwischen zwei Jahresgrenzen, der im Stammquerschnitt mit dem Auge wahrgenommen werden kann. Durch das Zählen der Jahresringe kann man das Alter der Bäume feststellen. |
| **Kambium** | meristematisches, teilungsfähiges Gewebe → sekundäres Dickenwachstum. |
| **Kernhölzer** | Hölzer, bei denen zwei verschieden gefärbte Zonen – Kern dunkel, Splint hell – erkennbar sind. |
| **Kernholz** | das innere, ältere Holz, das von den älteren Jahresringen gebildet wird. Es besteht aus toten Zellen und ist durch Einlagerung von Gerbstoffen imprägniert und häufig dunkel gefärbt. Es verleiht dem Baum Standfestigkeit. |
| **Kernreifhölzer** | Hölzer, die → Kern-, → Splint- und → Reifholz aufweisen, z. B. Ulme. |
| **Klasse** | die Dauerhaftigkeit des Holzes wird in 5 Klassen und entsprechenden Zwischenklassen ausgedrückt. |
| **Leitbündel** | zu Bündeln zusammengefasstes Leitgewebe: → Xylem und → Phloem. |
| **Lentizellen** | Kanäle im Korkgewebe. Sie dienen dem Gasaustausch und der Transpiration. |
| **Mark** | das bei den zweikeimblättrigen Pflanzen von den Leitbündeln umschlossene Gewebe. Es dient vor allem der Speicherung von Reservestoffen. |

| | |
|---|---|
| **Markstrahlen** | Gewebe zwischen den → Leitbündeln, das → Mark und → Rinde miteinander verbindet. Sie dienen der Stoffleitung und Speicherung. |
| **Phloem/Bastteil** | Leitgewebe, leitet Assimilate von den Blättern zur Wurzel. |
| **primäres Dickenwachstum** | Zunahme im Sprossachsenumfang durch die nach der Zellteilung erfolgende Zellstreckung. Zeigen alle Pflanzen, einkeimblättrige Pflanzen ausschließlich. |
| **quellen des Holzes** | im gleichen Maße, in dem das Holz durch Wasserverdunstung an Volumen verliert, dehnt es sich bei Wasseraufnahme aus, es quillt. |
| **Radial- oder Spiegelschnitt** | ein durch die Mitte des Baumes geführter Längsschnitt (Radialschnitt), die quer dazu liegenden glänzenden Markstrahlen nennt man Spiegel (Spiegelschnitt). |
| **Reifhölzer** | Hölzer, bei denen trotz Ausbildung von Kernholz kein Farbunterschied zwischen Kern- und Splintholz zu erkennen ist, z. B. Birne, Feldahorn, Fichte, Linde, Platane, Rotbuche, Tanne. |
| **Rinde** | mehrschichtiges Gewebe, das der Speicherung von Reservestoffen, wenn grün auch der Photosynthese dient. |
| **ringporige Hölzer** | weisen eine ringförmige Anordnung und Verteilung der Poren/Gefäße auf, z. B. Eiche, Esche, Esskastanie, Kirsche, Robinie, Ulme. |
| **Rohdichte/Schüttdichte des Holzes** | das Verhältnis der Holzmasse zum Gesamtvolumen (einschließlich der Zellhohlräume). |
| **schwinden des Holzes** | durch Wasserabgabe schrumpfen die Zellen, sodass sich das Volumen des Holzes verkleinert. Der Holzkörper schrumpft oder schwindet. |
| **Sehnenschnitt** | → Tangentialschnitt |
| **sekundäres Dickenwachstum** | ein zweites Dickenwachstum, bei dem zusätzlich zum → primären Dickenwachstum eine Zunahme im Sprossachsenumfang durch Zellteilung des Kambiums zwischen Xy- |

lem und Phloem erfolgt. Nach außen werden Phloem- und nach innen Xylem-Zellen gebildet. Können zwei- (Laubgehölze) und mehrkeimblättrige Pflanzen (Nadelgehölze) zeigen.

**Spätholz**
das im Spätsommer/Herbst gebildete Holz. Es weist englumige Gefäße auf.

**Splintholz/Weichholz**
das äußere, jüngere Holz, es ist lebend und regelt die Stoffleitung und Speicherung, wobei nur die jüngsten Jahresringe der Wasserleitung dienen. Aufgrund der fehlenden Gerbstoffeinlagerung ist es heller gefärbt als das → Kernholz.

**Splinthölzer**
Bäume, die nur aus Splintholz bestehen. Aufgrund der fehlenden Gerbstoffeinlagerung weist das ältere Holz keine Verfärbung auf, sodass der Stammquerschnitt gleichfarbig hell erscheint, z. B. Ahorn, Birke, Erle, Rosskastanie, Weißbuche, Zitterpappel.

**Tangentialschnitt/Sehnenschnitt/Fladerschnitt**
ein außerhalb der Mitte geführter Längsschnitt (Tagential-/Sehnenschnitt). Die dabei sichtbar werdende Maserung des Holzes wird auch als Flader bezeichnet (Fladerschnitt).

**Textur des Holzes**
Zeichnung des Holzes.

**tropische Kernhölzer**
z. B. Bangkirai, Bilinga, Bongossi, Cumarú, Ebenholz, Gerutu, Iroko, Itaúba, Macaranduba, Mahagoni, Meranti, Palisander, Teak.

**Wassergewicht**
Gewicht des in den Zellen enthaltenen Wassers.

**Weichhölzer**
→ Splinthölzer, sehr weich: Balsa, Linde, Pappel, Weide, weich: Birke, Douglasie, Erle, Fichte, Kiefer, Tanne.

**Xylem/Gefäßteil/Holzteil**
Leitgewebe, leitet Wasser und Nährstoffe von der Wurzel zu den Blättern.

**zerstreutporige Hölzer**
nach der Anordnung und Verteilung der Poren/Gefäße benannt, z. B. Ahorn, Birke, Birne, Buche, Linde, Pappel, Walnuss.

### 5.5.2 Holzschutzmaßnahmen

**Anstrich** — Auftragen eines Anstrichstoffs, z. B. einer Lasur, kann mehrfach notwendig sein, i. d. R. 2 bis 3 Anstriche je nach Herstellerangaben.

**Applikationsverfahren** — Farbauftragsverfahren

**Ausbringungsverfahren** — Art der Ausbringung von Holzschutzmitteln: Streichen, Spritzen, Tauchen, → Trogtränkung, → Kesseldruckimprägnierung.

**chemischer Holzschutz** — Einsatz chemischer Holzschutzmittel.

**Dickschichtlasur/Lacklasur** — bildet dickere Filmschichten, wittert nicht so schnell ab und ist für maßhaltige Bauteile geeignet.

**Dünnschichtlasur/Imprägnierlasur** — erzeugt einen sehr dünnen, offenporigen Anstrichfilm, ermöglicht einen nahezu ungehinderten Feuchtigkeitsaustausch mit der Umgebung, kann auf feuchtes oder halbtrockenes Holz aufgetragen werden, Schutzwirkung – je nach Bewitterung – 2 bis 3 Jahre.

**E** — Prüfprädikat für Holzschutzmittel: bei **E**rdkontakten und ständigen Kontakten mit Wasser.

**FSC-Siegel** — ein Holzzertifikat, das bescheinigt, dass das Holz aus → nachhaltiger Waldbewirtschaftung stammt. FSC = **F**orest **S**tewardship **C**ouncil ist das in Deutschland bekannteste System.

**High-Solid-Lasur** — Lasuren, die einen Festkörpergehalt von 68 % aufweisen und dadurch weniger → Lösemittel enthalten. Werden heute häufig anstelle von → Dickschichtlasuren eingesetzt.

**Holzschutzmaßnahmen** — Maßnahmen zum Schutz vor Holzfäule durch Pilze und Insektenbefall.

**Ib** — Prüfprädikat für Holzschutzmittel: **I**nsekten **b**ekämpfend.

**Imprägnierlasur** — → Dünnschichtlasur

**Iv** Prüfprädikat für Holzschutzmittel: gegen Insekten vorbeugend wirksam.

**(Iv)** Prüfprädikat für Holzschutzmittel: nur bei Tiefschutz gegen Insekten vorbeugend wirksam.

**Kesseldruckimprägnierung** Ausbringungsverfahren von Holzschutzmittel. Dabei wird das Holz unter Druck mit speziellen Salzlösungen getränkt, wobei vor allem das gefährdete Splintholz geschützt wird.

**konstruktiver Holzschutz** vorbeugende bauliche Maßnahmen, die Feuchtigkeit vom Holz fernhalten bzw. schnell abführen.

**Lack** besteht aus deckenden, weißen oder farbigen Dispersions- oder Kunstharzlackfarben (Alkydharzlacke), er blättert mit der Zeit ab und muss vor einem neuen Anstrich entfernt werden.

**Lacklasur** → Dickschichtlasur

**Lasur** durchsichtige Farbschicht

**Lösemittel** Mittel, das feste und flüssige Stoffe löst, ohne sie chemisch zu verändern.

**nachhaltige Waldbewirtschaftung** es muss mindestens soviel Holz nachgepflanzt werden, wie geerntet wird.

**Oberflächenschutz** Holzschutzmittel wirkt nur an der Oberfläche.

**ölige Schutzmittel** eignen sich nur für lufttrockenes Holz, mit ihnen wird ein Oberflächen- und Randschutz erreicht.

**P** Prüfprädikat für Holzschutzmittel: gegen Pilze wirksam (Fäulnisschutz).

**pigmentierte Lasur** enthält Farbstoffe, die aber die Holzmaserung nicht verdecken.

**Prüfprädikate** geben in Kurzform die wichtigsten Eigenschaften hinsichtlich Anwendung und Wirksamkeit der Holzschutzmittel an: → P, → Iv, → (Iv), → Ib, → E, → S, → W.

| | |
|---|---|
| **Randschutz** | Holzschutzmittel dringt weniger als 10 mm ein. |
| **S** | Prüfprädikat Holzschutzmittel: auch zum Streichen, Spritzen oder Tauchen geeignet. |
| **Schutzklassen** | nach der Eindringtiefe des Holzschutzmittels unterscheidet man: → Oberflächenschutz, → Randschutz, → Tiefschutz, → Vollschutz. |
| **Thermoholz/Thermowood** | Holz, das zur Erhöhung der Dauerhaftigkeit einer Hitzebehandlung ausgesetzt wurde, derartig behandeltes Buchenholz eignet sich z. B. für den Außenbereich. |
| **Thermowood** | → Thermoholz |
| **Tiefschutz** | Holzschutzmittel dringt mindestens 10 mm tief ein. |
| **Trogtränkung** | Holz liegt mehrere Tage untergetaucht im Holzschutzmittel. |
| **UV-Strahlen** | ultraviolette Strahlen |
| **Vollschutz** | vom Holzschutzmittel völlig durchtränkt. |
| **W** | Prüfprädikat für Holzschutzmittel: geeignet auch für Holz, das der Witterung ausgesetzt ist. |
| **wasserlösliche Schutzmittel** | können auch bei feuchtem und nassem Holz angewendet werden, sie ermöglichen Tiefenschutz. |
| **Wetterschutzlasur** | biozidfreie Lasur |

### 5.5.3 Holzkonstruktionen

| | |
|---|---|
| **Aufkämmung** | 2 bis 4 cm tiefe Aussparung mit der die → Sparren auf die → Pfetten aufgesteckt werden. |
| **Auflagehölzer** | → Sparren |
| **Balken** | → Bauschnittholz mit einer Kantenhöhe (h) > 20 cm und einer Breite (b) $\leq$ h (h $\leq$ 3 b). |

**Baurundholz** abgelängte und entrindete Hölzer, die entweder nicht geschnitten oder nur ein- bzw. zweiseitig geschnitten sind.

**Bauschnittholz** Hölzer, die durch Sägen von Rundholz parallel zur Stammachse entstehen.

**besäumtes Brett** alle Kanten sind gesägt.

**Blattstoß** eine Art der zimmermannsgemäßen Längsverbindung von → Pfetten.

**Bodenfliese** ist ein quadratisches (50 × 50 cm bis 100 × 100 cm) oder rechteckiges (50 × 100 cm oder 60 × 120 cm) Holzrost, das zu einer Terrasse zusammengesetzt wird.

**Bohle** → Bauschnittholz mit einer Kantendicke (d) > 40 mm und einer Breite > 3 × d.

**Bonanzazaun** → Rancherzaun

**Brett** → Bauschnittholz mit einer Kantendicke ≤ 40 mm und einer Breite von ≥ 80 mm.

**Bretterzaun** je nach Höhe besteht der Zaun aus zwei bis fünf waagerecht übereinander angebrachten Brettern. Der Abstand zwischen den Brettern wird so gewählt, dass das Vieh auf der Weide (→ Koppel) nicht hindurchschlüpfen kann (→ Koppelzaun). Riegel fehlen, die Bretter sind direkt an den Pfosten befestigt.

**Brustzapfen** eine Art der zimmermannsgemäßen Eckverbindung.

**Diagonalzaun** verfeinerte, elegantere Variation des → Jägerzauns.

**Doppelreiter** → Sparren, die auf zwei → Pfetten aufliegen.

**Drahtstift** andere Bezeichnung für Nagel.

**Dränkies** leitet durchsickerndes Wasser rasch ab und verhindert den kapillaren Wasseraufstieg.

**Einkornbeton**
Beton, der aus einer begrenzten Korngruppe $> 4$ mm, z. B. 8/16 oder 16/32 hergestellt wird (vgl. Seite 52).

**Einzelreiter**
Sparren, die nur auf einer Pfette aufliegen.

**Flechtwerkzaun**
→ Lamellenzaun

**Füllung**
die Ausfüllung zwischen den Pfosten eines Zaunes, angebracht an den → Riegeln, z. B. die Latten.

**gerades Hakenblatt**
eine Art der zimmermannsgemäßen Längsverbindung von → Pfetten.

**Holzpalisade**
Pfähle aus geschältem, maschinell rund gefrästem oder eckigem, gefastem, druckimprägniertem Holz (meist Kiefernholz).

**Ingenieurholzbau**
→ ingenieurmäßige Holzverbindungen

**ingenieurmäßige Holzverbindungen**
die Hölzer werden mit Verbindungsmitteln, wie Nägeln, Schrauben, Bolzen, Dübeln und Blechformteilen miteinander verbunden. Derartige Verbindungen sind zweckmäßig und relativ einfach herzustellen.

**Jägerzaun/Scherenzaun/Kreuzzaun**
Holzzaun, kennzeichnend sind die kreuzweise angebrachten und sich überlappenden Latten.

**Kantholz**
→ Bauschnittholz mit einer Breite (b) $\leq$ Kantendicke (h) und einer Kantendicke $\leq 3$ b (b $> 40$ mm).

**Koppel**
Weide

**Koppelzaun**
→ Bretterzaun aus zwei bis fünf waagerecht übereinander angebrachten Brettern.

**Kreuzlattung**
auch als Konterlattung bezeichnet. Auf parallel und mit Abstand verlegten Kanthölzern befinden sich rechtwinklig zur ersten Lage angebrachte Kanthölzer.

**Kreuzzaun**
→ Jägerzaun

| | |
|---|---|
| **Lamellenzaun/Flechtwerkzaun** | eingespannt in einem Holzrahmen (Stärke z. B. 21 × 45 mm, 45 × 45 mm) befinden sich dicht an dicht angeordnet, dünne, schmale (z. B. 10 × 96 mm), waagerecht verlaufende Holzstreifen (= Lamellen). |
| **Latte** | → Bauschnittholz mit einer Kantendicke ≤ 40 mm und einer Breite von < 80 mm. |
| **Lattenzaun** | typisch sind die senkrecht auf Querhölzer angebrachten, mehr oder weniger schmalen Latten (2 bis 10 cm). |
| **Monolithpergola** | unter einem Monolith (griech.) versteht man eine Säule oder ein Denkmal aus einem einzigen Steinblock. Bei einer Monolithpergola sind die einzelnen Pfeiler aus ganzen Natursteinblöcken gearbeitet. |
| **Nagellänge** | richtet sich nach der Dicke der Bretter, die Nagellänge soll in etwa der dreifachen Brettdicke entsprechen. |
| **Pergola** | der Name kommt aus dem Italienischen und bezeichnet eine Laube oder einen Laubengang aus Steinpfeilern mit einer aufliegenden Holzkonstruktion. |
| **Pfeilerpergola** | Pergola mit aus Steinen gemauerten Pfeilern. |
| **Pfette/Sattelbalken/Querbalken** | auch als Sattelbalken oder Querbalken bezeichnet, als Bestandteil einer Pergola liegt sie auf den Pfosten auf und trägt die → Sparren (Auflagehölzer). |
| **Pfosten/Stützen** | als Bestandteil einer Pergola, tragen sie die → Pfetten mit den → Sparren. |
| **Plankenzaun** | ein blickdichter Zaun aus eng aneinander liegenden, senkrecht oder waagerecht angeordneten Brettern, die senkrechte Verbrettung kann auch wechselseitig erfolgen. |
| **Punktfundament** | im Gegensatz zu Streifenfundamenten nur punktuell, z. B. unter den Pfosten eines Zaunes, gebaut. |
| **Querrahmen** | → Riegel |
| **Querriegel** | → Riegel |

| | |
|---|---|
| **Rancherzaun** | auch als Bonanzazaun bezeichnet, eine amerikanische Abwandlung des Bretterzauns. Bei diesem sehr rustikal wirkenden Zaun sind die waagerecht angebrachten Bretter/ Bohlen (häufig aus Eiche) → unbesäumt. |
| **Riegel/Querriegel/ Querrahmen** | oberes und unteres Querholz zwischen den Pfosten eines Zaunes. Sie tragen die Füllung (z. B. Latten). |
| **Scherenzaun** | → Jägerzaun |
| **Scherzapfen** | eine Art der zimmermannsgemäßen Eckverbindung. |
| **Spalierzaun** | in rechteckigen oder quadratischen Feldern verlaufen diagonal in einem Winkel von 45°, 60° oder 70° sich kreuzende Latten/Leisten (12/30 bis 20/80 mm). Die Latten können auch horizontal oder vertikal angeordnet werden. Der Abstand zwischen den einzelnen Latten sollte das Ein- bis Zweifache der Lattenbreite betragen, sodass bei schmalen Latten enge und bei breiten Latten größere Maschen entstehen. Im Handel werden fertige Gitterfelder mit Rahmen (häufig als Rankzäune) angeboten. |
| **Spaltzaun** | besteht aus unterschiedlich breiten mit Beil und Keil gespaltenen Latten, Längen weisen leichte Unterschiede auf. |
| **Sparren** | Auflagehölzer, als Bestandteil einer Pergola, z. B. 5 cm dicke und 12 bis 15 cm hohe Holzbohlen als Rankgerüst. |
| **Staketen** | Latten |
| **Staketenzaun** | Latten (Staketen) sind senkrecht angebracht, rund (Durchmesser 4 bis 5 cm), halbrund (Mittendurchmesser 6 bis 7 cm), vierkantig (3/5, 4/6 cm), geschält oder ungeschält, zumeist oben angespitzt, Abstand etwa 4 bis 6 cm, Bodenabstand ≥ 5 cm, Befestigung an einem oberen und unteren Querholz (Riegel). |
| **Überblattung** | eine Art der zimmermannsgemäßen Eckverbindung. |
| **unbesäumtes Brett** | ein Brett, dessen Kanten nicht beschnitten sind. |

| | |
|---|---|
| **Zapfenstoß** | eine Art der zimmermannsgemäßen Längsverbindung von Pfetten. |
| **Zaun** | Holzkonstruktion, bestehend aus → Pfosten, → Riegel (Querriegel/-rahmen) und der → Füllung, z. B. Latten. |
| **zimmermannsmäßige Verbindungen** | die Hölzer werden passend ineinander gefügt. Derartige Verbindungen verursachen einen hohen Arbeitsaufwand, bilden konstruktive Schwachstellen und Angriffsstellen für Wasser und damit Pilzbefall. |

## 5.6 Betonarbeiten

### 5.6.1 Begriffsdefinitionen

| | |
|---|---|
| **Baustellenbeton** | Beton, der auf der Baustelle hergestellt wird. |
| **Beton** | künstliches Gestein aus Zement, Wasser und Gesteinskörnung (früher Zuschlag). |
| **Festbeton** | erhärteter Beton, der nicht mehr verarbeitet werden kann. |
| **Fließbeton** | Bezeichnung erfolgt nach der Konsistenz. |
| **Frischbeton** | nicht erhärteter, noch verarbeitbarer Beton. |
| **Ortbeton** | Beton, der am Ort seiner Verwendung erhärtet. |
| **Pumpbeton/Schüttbeton/Spritzbeton** | Bezeichnung erfolgt nach der Art des Förderns bzw. Einbringens. |
| **Sichtbeton/Waschbeton** | Bezeichnung erfolgt nach der Oberfläche des Festbetons. |
| **Stahlbeton** | Beton, der mit Stahleinlagen verstärkt (bewehrt) ist. |
| **Stampfbeton/Rüttelbeton** | Bezeichnung erfolgt nach der Art der Verdichtung. |
| **Transportbeton** | Frischbeton, der vom Betonwerk (werk- oder fahrzeuggemischt) zur Baustelle transportiert und in einbaufertigem Zustand übergeben wird. |

**Zementmörtel** Gemisch aus Zement, Wasser und Gesteinskörnung (= Beton) mit einem Größtkorn von höchstens 4 mm (vgl. Seite 73).

## 5.6.2 Bestandteile des Betons

**32,5 R** der Zement hat eine schnelle (R = **r**apid = schnell, rasch) Anfangserhärtung, nach 28 Tagen beträgt die Mindestdruckfestigkeit **32,5** N/mm$^2$ (sprich Newton pro Quadratmillimeter).

**abbinden** das Erhärten des Zements.

**Ausfallkörnung** in der Kornzusammensetzung der Gesteinskörnung fehlen einzelne Kornabstufungen.

**Beschleuniger** dient dazu, das Erstarren und/oder das Erhärten des Frischbetons zu beschleunigen.

**Betonverflüssiger** dient dazu, die Verarbeitbarkeit des Betons zu verbessern, der Beton soll flüssiger werden, ohne den Wasseranteil erhöhen zu müssen.

**Betonzusatzmittel** dienen zur Verbesserung bestimmter Betoneigenschaften.

**Brechsand** gebrochener Sand

**CEM I** steht für Portlandzement, ein hochwertiger Zement, der sich für fast alle Anwendungsgebiete eignet. Benannt nach der englischen Halbinsel Portland, aus deren Steinbrüchen 1824 der erste Kalkstein zur Herstellung von Zement gewonnen wurde.

**Dichtungsmittel** dient dazu, die Wasseraufnahme bzw. das Eindringen von Wasser in den Beton zu vermindern.

**erstarren des Betons** eine Vorstufe des Erhärtens.

**Festigkeitsklasse** → Zementfestigkeitsklasse

 

| | |
|---|---|
| **Gesteinskörnungen/ Zuschläge** | Mineralgemische (i. d. R. Sand-Kies-Gemische), bilden das tragende Gerüst des Betons und verleihen ihm bestimmte Eigenschaften, wie Verarbeitbarkeit und Druckfestigkeit. |
| **Hydra(ta)tion** | das Verbinden von chemischen Stoffen mit Wasser (chemische Wasserbindung). |
| **Kennfarbe** | an der Farbe des Zementsacks und der Farbe des Aufdrucks kann man die Festigkeitsklasse des Zements erkennen. |
| **Kies** | → Gesteinskörnung mit runder Form und Korngröße > 2 mm. |
| **Korngruppen** | Bezeichnung erfolgt nach ihrem Kleinst- und Größtkorn (z. B. 0/32) (vgl. Seite 50). |
| **Korngruppen für die Betonherstellung** | 0/2, 0/4, 2/8, 4/8, 8/16, 8/32 und 16/32. |
| **Luftporenbildner** | dient dazu, den Beton widerstandsfähiger gegen Frost und Tausalze zu machen. |
| **Sand** | → Gesteinskörnung mit der Korngröße 0/2 mm. |
| **Schotter** | gebrochener Kies > 32 mm (Grobkies). |
| **Sieblinien** | durch Sieblinien werden Kornzusammensetzungen von Gesteinskörnungen dargestellt. |
| **Sieblinienbereich** | Bereich zwischen den Sieblinien. |
| **Splitt** | gebrochener → Kies mit einer Korngröße > 2/32 mm. |
| **Überkorn** | Bezeichnung für Einzelkörner, die größer als das Größtkorn der jeweiligen Korngruppe sind. |
| **Unterkorn** | Bezeichnung für Einzelkörner, die kleiner als das Kleinstkorn der jeweiligen Korngruppe sind. |
| **Verzögerer** | dient dazu, die Abbindezeit des Frischbetons zu verzögern. |

**Zement** ein graues Pulver (Bindemittel), das durch Brennen und Mahlen von kalk- und tonhaltigem Gestein erzeugt wird.

**Zementfestigkeitsklasse** Zemente werden entsprechend ihrer Druckfestigkeit (in N/mm²) nach 28 Tagen in Festigkeitsklassen eingeteilt, z. B. → 32,5 R.

**Zementgel** Zementleim wandelt sich beim Erstarren des Betons in ein starres Zementgel um.

**Zementleim** besteht aus Wasser und Zement, er soll die Gesteinskörnungen umhüllen und miteinander verbinden.

**Zementstein** entsteht beim Erhärten des Betons.

**Zuschläge** → Gesteinskörnungen

### 5.6.3 Eigenschaften und Verarbeitung des Betons

**Arbeitsfuge** entsteht, wenn auf abgebundenem Beton betoniert wird, ist unerwünscht, weil sie die Festigkeit des Bauwerkes herabsetzt und Ausgangspunkte für Rissbildungen, Frostschäden, Wasserdurchtritte und Ausblühungen ist.

**Außenrüttler/ Schalungsrüttler** werden außen an der Schalung befestigt, über die sie die verdichtenden Schwingungen in den Frischbeton übertragen.

**Betonfestigkeitsklassen** Nach 28 Tagen wird Beton entsprechend seiner Druckfestigkeit (N/mm²) in Druckfestigkeitsklassen eingeteilt, z. B. C 8/10, C 12/15, C 16/20. Die erste Zahl bezieht sich auf die Druckfestigkeitsprüfung in einem Zylinder, die zweite auf die in einem Würfel.

**Betonrezept** enthält Richtwerte für die Bestandteile von 1 m³ verdichtetem Beton.

**Bewehrungsplan** gibt Auskunft über die richtige Lage der Stahleinlagen, ihre Abmessungen, Form, Stärke und Verbindung untereinander, die Anfertigung erfolgt durch einen Statiker.

| | |
|---|---|
| **bossieren** | Mit dem Bossierhammer oder einem Setzeisen wird der Beton so bearbeitet, dass deutliche Einschläge (5 bis 6 mm tief) sichtbar werden. |
| **C** | engl. concrete = Beton |
| **Dehnungsfuge** | Beton dehnt sich bei Wärme aus und zieht sich bei Abkühlung zusammen. Zur Vermeidung von Rissbildungen in Folge der entstehenden Spannungen müssen bei größeren Betonflächen Dehnungsfugen eingeplant werden. |
| **Druckfestigkeitsklassen** | → Betonfestigkeitsklassen |
| **Expositionsklassen** | die Zuordnung zu einer der 21 Klassen ergibt sich aus den Umweltbedingungen, die die Dauerhaftigkeit des Betons nachteilig beeinflussen können, indem sie auf die Bewehrung oder den Beton schädigend einwirken. Mit der Zuordnung werden die Anforderungen an die Zusammensetzung des Betons festgelegt. |
| **gesandstrahlter Beton** | mithilfe eines Sandstrahlgebläses wurden die Spitzen der Gesteinskörnung an der Betonoberfläche freigelegt. |
| **hygroskopisch** | stark Wasser anziehend. |
| **Innenrüttler/Rüttelflasche/Tauchrüttler/Innenvibrator** | werden zur Verdichtung in den Beton eingetaucht. |
| **Konsistenz** | die Beschaffenheit des Frischbetons in Abhängigkeit von seinem Wassergehalt. Je höher der Wassergehalt, desto weicher oder fließfähiger wird der Beton. |
| **Konsistenzklassen beim Frischbeton** | F1 (steifer Beton), F2 (plastischer Beton), F3 (weicher Beton), F4 (sehr weicher Beton), F5 (fließfähiger Beton), F6 (sehr fließfähiger Beton). |
| **Monier** | der französische Gärtner Monier, der 1861 Pflanzkübel aus Beton mit Drahteinlagen herstellte, gilt als Erfinder des Stahlbetons. Nach ihm wurden die Bewehrungseisen „Moniereisen" benannt. |

**Nachbehandlung** alle Maßnahmen, die durchgeführt werden, um den Beton ungestört erhärten zu lassen: Abdecken, z. B. mittels Folie, häufiges Benetzen mit Wasser, Aufsprühen eines Nachbehandlungsfilms, Schalung feucht halten und länger belassen.

**Oberflächenrüttler** werden auf die Oberfläche des zu verdichtenden Betons aufgesetzt (z. B. Rüttelplatte und Stampfer).

**Rüttelflasche** → Innenrüttler

**Schalhaut** der Teil der Schalung, der dem Beton die gewünschte Form und Oberflächenbeschaffenheit verleiht.

**Schalung** die Form, in die der Beton eingebracht wird. Sie verleiht dem Beton Form und Aussehen.

**Schalungsbeton** Beton, der durch die → Oberfläche der Schalung sein Aussehen erhält, z. B. sägerauhe Brettstruktur, Holzstruktur, glatte Oberfläche.

**Schalungsrüttler** → Außenrüttler

**scharrieren** mit einem meißelartigen Scharriereisen werden in die glatte Oberfläche parallele Furchen geschlagen, sodass eine gleichmäßige Aufrauung erfolgt.

**Sichtbeton** Beton, bei dem die Oberfläche sichtbar bleibt, z. B. → Schalungsbeton oder → Waschbeton.

**spitzen** mit einem Spitzeisen wird Schlag neben Schlag gesetzt, sodass eine grobe Oberfläche entsteht.

**Stahlbeton** Beton, der mit Stahleinlagen verstärkt (bewehrt) ist.

**Standardbetone** haben die Betonfestigkeitsklassen C 8/10, C 12/15, C 16/20.

**steinmetzmäßig bearbeiteter Beton** Beton, dessen Oberfläche nach dem Erhärten durch → Bossieren, → Spitzen, → Stocken oder → Scharrieren bearbeitet wurde.

**stocken**
mit einem Stockhammer wird die Oberfläche gleichmäßig leicht aufgeschlagen.

**Tauchrüttler**
→ Innenrüttler

**Transportbeton**
Frischbeton, der vom Betonwerk (werk- oder fahrzeuggemischt) zur Baustelle transportiert und in einbaufertigem Zustand übergeben wird.

**verdichten**
verringern der luftgefüllten Hohlräume im Frischbeton.

**Waschbeton**
Beton, bei dem durch Ausbürsten und anschließendes Auswaschen des Zementleims und Feinkorns aus der Betonoberfläche die groben Zuschlagstoffe (Gesteinskörnungen) freigelegt werden.

**Wasserzementwert**
gibt das Gewichtsverhältnis von Wasser zu Zement im Frischbeton an:
Wasserzementwert = Gewicht des Wassers (kg) : Gewicht des Zements (kg).

**Zugkräfte**
treten immer dort auf, wo sich der Baukörper bei der Einwirkung von Kräften strecken will und ohne Bewehrung Risse bekommen oder brechen würde.

**Zuschlagstoffe**
Gesteinskörnungen (i. d. R. Sand-Kies-Gemische).

# 6 Vegetationstechnische Maßnahmen

## 6.1 Der Boden aus vegetationstechnischer Sicht

| | |
|---|---|
| **bindiger Boden** | Ton- und Schluffanteil > 10 %. |
| **Bindigkeit** | hängt vom Ton- und Schluffgehalt ab, je höher, desto bindiger ist der Boden. |
| **Boden** | die mit Wasser, Luft und Lebewesen durchsetzte Verwitterungsschicht der festen Erdkruste. |
| **Bodenart** | ergibt sich aus dem Anteil an den Kornfraktionen → Sand, → Schluff und → Ton am → Feinboden, z. B. sandiger Lehm. |
| **Bodengefüge** | → Bodenstruktur |
| **Bodengruppen** | die Einordnung in eine der 10 Bodengruppen erfolgt anhand der Körnungskurve des Oberbodens. Sie dienen zur Abschätzung der Verwendbarkeit und Bearbeitbarkeit von Böden für vegetationstechnische Zwecke. |
| **Bodenkolloide** | Bodenteilchen < 0,002 mm (Humus- und Tonteilchen). |
| **Bodenstruktur/Bodengefüge** | räumliche Anordnung der festen Bestandteile des Bodens. |
| **C-N-Verhältnis** | gibt das Verhältnis von Kohlenstoff (C) zu Stickstoff (N) an, aus dem eine organische Substanz besteht. Je höher der N-Gehalt, desto enger das Verhältnis, desto schneller erfolgt die Zersetzung. |
| **Dauerhumus** | schwer zersetzbare organische Substanz mit einem C : N – Verhältnis > 25 : 1. |
| **Edaphon** | Gesamtheit der Bodenlebewesen. |
| **Feinboden** | alle Teilchen < 2 mm (Sand, Schluff und Ton) bilden den Feinboden. |

**Feinporen**
Poren mit einem Durchmesser < 0,0002 mm, enthalten → Totwasser.

**Fräse**
an einer rotierenden Welle befinden sich unterschiedlich gewinkelte, federnde oder starre Messer, die einen Bissen nach dem anderen aus dem Boden herausschneiden und nach hinten gegen ein Prallblech bzw. das Fräsgehäuse schleudern.

**Glattwalze**
starrer, sich drehender Zylinder mit glatter Oberfläche, der zur Erhöhung des Gewichts mit Sand oder Wasser gefüllt werden kann (vgl. Seite 43).

**Grobboden**
alle Teilchen > 2 mm (Kiese und Steine) bilden den Grobboden.

**Grobporen**
Poren mit einem Durchmesser > 0,01 mm, wirken dränend und dienen so der Sauerstoffversorgung und dem Gasaustausch.

**Grubber**
an einem Rahmen sind starre oder gefederte Grubberzinken mit Scharen angebracht.

**Grundwasser**
Sickerwasser, das sich auf undurchlässigen Erdschichten ansammelt.

**Grundwasserstand**
Entfernung des Grundwassers zur Bodenoberfläche. Sandböden (günstig 1 m unter Bodenoberfläche), Tonböden (günstig 2 m unter Bodenoberfläche), sollte nicht höher als 60 cm unter der Bodenoberfläche liegen.

**Hubschwenklockerer**
Untergrundlockerer, der den Boden mit Hilfe von Zinken, die hin- und herbewegt werden, lockert.

**Humifizierung**
Bildung von → Huminstoffen.

**Huminstoffe**
Humusteilchen < 0,002 mm.

**Humus**
tote, mehr oder weniger zersetzte organische Substanz.

**Kapillaren**
haarfeine Röhrchen

**Kapillarwasser** Wasser, das in den → Kapillaren des Bodens gegen die Schwerkraft aufsteigt.

**Kies** → Gesteinskörnung mit runder Form und Korngröße > 2 mm.

**Körnungskurven** ergeben sich aus den Korngrößenanteilen.

**Korngrößenverteilung** der Anteil an den Korngrößen → Sand, → Schluff und → Ton.

**Kreiselegge** an einer Achse befinden sich Kreisel, die aus zwei bis vier Zinken bestehen. Die Kreisel rotieren horizontal und gegenläufig, wobei sich die Arbeitskreise überschneiden. Dient zum Lockern und Einebnen des Bodens.

**Krümel** 1 bis 10 mm große Bodenteilchen, die sich aus Sand-, Ton- und Humusteilchen zusammensetzen.

**Krümelstruktur** → Bodenstruktur wird aus locker aneinander gelagerten Krümeln unterschiedlicher Form und Größe (1 bis 10 mm) gebildet.

**Lebendverbauung** die Stabilisierung der → Krümel durch die Einwirkung des → Edaphons. Schleimige Stoffwechselprodukte, Pilzhyphen, Bakterienkolonien, Humusstoffe und die feinen Wurzelhaare der Pflanzen sorgen für die Stabilität.

**leichter Boden** weist einen hohen Sandanteil auf, sodass er leicht zu bearbeiten ist.

**Mineralisierung** Freisetzung von Mineralstoffen (Nährstoffen) bei der Zersetzung der organischen Substanz.

**Mittelporen** Poren mit einem Durchmesser von 0,0002 bis 0,01 mm, enthalten pflanzenverfügbares Wasser.

**Mutterboden** → Oberboden

**Nährhumus** leicht zersetzbare organische Substanz mit einem C : N-Verhältnis < 25 : 1.

**nichtbindiger Boden** Ton- und Schluffanteil ≤ 10 %.

**Oberboden/ Mutterboden** die mit organischer Substanz und Bodenleben durchsetzte und durch Humusanreicherung dunkel gefärbte, oberste, etwa 20 bis 30 cm dicke Bodenschicht (→ Bodenklasse 1).

**organische Substanz** Substanz, die von Lebewesen stammt.

**pflanzenverfügbares Wasser** das für die Pflanze nutzbare Wasser in den Mittelporen.

**pH-Wert** lat. potentia hydrogenii = Potenz des Wasserstoffs, ist ein Maß für die Konzentration der Wasserstoffionen in einem Liter Bodenlösung. Er kennzeichnet die saure, neutrale und alkalische Reaktion eines Bodens.

**Porenvolumen** ergibt sich aus den Hohlräumen zwischen den mineralischen und organischen Bestandteilen des Bodens.

**Rauwalze** besteht aus mehreren beweglichen Ringen mit gezähnten Oberflächen, häufig auch glatte und gezähnte Ringe im Wechsel.

**Rollprobe** ist ein Hilfsmittel für die Prüfung der Bodenfeuchtigkeit, es wird versucht, eine Bodenprobe zügig zwischen den Handtellern zu einer bleistiftdicken Wurst auszurollen. Gelingt dies, ist der Boden zu nass um ihn zu bearbeiten.

**Rüttelegge** an zwei bis vier hintereinander liegenden Balken, die gegenläufig hin- und herbewegt werden, befinden sich 20 bis 30 cm lange Zinken. Dient zur Lockerung und Einebnung des Bodens.

**Sand** Gesteinskörnung mit einer Korngröße von < 2 mm bis 0,063 mm.

**Sandboden** Kornfraktion Sand überwiegt.

**Schluff** Teilchen mit einer Korngröße < 0,063 mm bis 0,002 mm.

**schwerer Boden** weist einen hohen Tonanteil auf, sodass er schwer zu bearbeiten ist.

**Spatenmaschine** an einer rotierenden Welle befinden sich spatenartige Werkzeuge, die den Boden umgraben.

**Standortbedingungen** Bedingungen am Standort, die das Wachstum der Pflanzen beeinflussen, z. B. Niederschlagsmenge, Sonnenscheindauer.

**Steine** eckig, kantige Teilchen > 2 mm.

**Tiefenlockerung** Lockerung unterhalb des Oberbodens.

**Ton** anorganische Teilchen < 0,002 mm.

**Tonboden** Kornfraktion Ton überwiegt.

**Ton-Humus-Komplexe** innige Vermischung von Ton- und Humusteilchen, vor allem im Darm der Regenwürmer.

**Totwasser** Wasser, das für die Pflanze nicht nutzbar ist, weil es vom Boden zu fest gehalten wird.

## 6.2 Gehölze

### 6.2.1 Begriffsdefinitionen

**Abl.** Kennzeichnung für **Abl**eger.

**Abr.** Kennzeichnung für **Abr**isse.

**Al.** Kennzeichnung für **Al**leebaum/Hochstämme für Verkehrsflächen.

**Allee** eine beidseitig von Bäumen begrenzte Straße oder Weg.

**Alleebäume** Bäume zur Pflanzung von Baumreihen an Straßen oder Wegen. Dabei handelt es sich um Hochstämme für Verkehrsflächen.

**autochthone Gehölze** sind standort-/gebietsheimische Gehölze.

**Baumpaare** sind zwei nebeneinander stehende Bäume, sie dienen vor allem zur Einrahmung von Eingängen, Sitzplätzen, Treppen usw.

**Baumpakete** kleine Gruppe von Bäumen in regelmäßiger, geometrischer Anordnung.

**bew.** Kennzeichnung für **bew**urzelt.

**Bienennährgehölze/ Vogelnährgehölze** bieten Bienen (Nektar, Pollen) bzw. Vögeln (Früchte) Nahrung.

**Bodendecker** Pflanzen, deren Triebe sich über dem Boden ausbreiten und im Laufe der Jahre eine geschlossene Decke bilden.

**br.** Kennzeichnung für **br**eit.

**C** Kennzeichnung für → **C**ontainer.

**Container** Behälter ab 2 Liter Inhalt.

**Containerpflanzen** Pflanzen in einem Behälter mit ≥ 2 Liter Inhalt.

**ew.** Kennzeichnung für aus **e**xtra **w**eitem Stand.

**garniert** Stamm auf voller Länge mit Ästen und Zweigen besetzt.

**Gehölze** Bäume und Sträucher. Ihre Sprossachsen (Stämme, Äste, Zweige) verholzen durch die Einlagerung von Lignin in die Zellwände (Holzgewächse).

**Giftpflanzen** enthalten Substanzen, die durch Berührung oder Aufnahme in den Körper bei Mensch und Tier Vergiftungserscheinungen hervorrufen.

**Großbäume** Höhe bis etwa 30 m, Breite bis etwa 10 m.

**Gst.** Kennzeichnung für **G**rund**st**ämme.

**h.** Kennzeichnung für **h**och.

**H.** Kennzeichnung für **H**ochstamm.

| | |
|---|---|
| **Ha.** | Kennzeichnung für **Ha**lbstamm. |
| **Halballee** | Sonderform der → Allee, bei der nur auf einer Seite der Straße oder des Weges eine Baumreihe steht. |
| **He.** | Kennzeichnung für **He**ckenpflanze. |
| **Hei.** | Kennzeichnung für **Hei**ster. |
| **Heister** | baumartig wachsendes Gehölz ohne Krone, Stamm auf voller Länge mit Ästen und Zweigen besetzt (garniert). |
| **Hochstamm** | besitzt Stamm und Krone, Stammhöhe ≥ 180 cm, 2xv (→ v), StU ≥ 8/10 (leichter Hochstamm), Stammhöhe ≥ 200 cm, 3xv, StU ≥ 10/12 (Hochstamm). |
| **immergrüne Pflanzen** | Pflanzen, die ihre Blätter erst nach mehreren Jahren abwerfen. Weil nicht alle Blätter gleichzeitig abfallen und laufend neue gebildet werden, erscheinen solche Pflanzen als immergrün (z. B. Tanne, Fichte). |
| **j.** | Kennzeichnung für **j**ährig. |
| **Kleinbäume** | Höhe bis etwa 10 m, Breite bis etwa 4 m. |
| **Koniferen** | Zapfenträger |
| **Krbr.** | Kennzeichnung für **Kr**onen**br**eite. |
| **Kronenansatz** | Beginn der Krone, z. B. bei Alleebäumen mindestens 220 cm (StU. bis 25 cm) bzw. 250 cm (StU. > 25 cm) über dem Boden. |
| **l. Hei.** | Kennzeichnung für **l**eichter **Hei**ster. |
| **l. Str.** | Kennzeichnung für **l**eichter **Str**auch. |
| **leichter Hochstamm** | → Hochstamm |
| **Lichtraumprofil** | gibt den Abstand der unteren Kronenäste vom Boden an. Muss an Geh- und Radwegen 2,50 m, an Fahrbahnen 4,50 m hoch sein. |

**Marone** Frucht der Esskastanie, Castanea sativa.

**mB.** Kennzeichnung für **m**it **B**allen.

**mDb.** Kennzeichnung für **m**it **D**raht**b**allen.

**mittelgroße Bäume** Höhe bis etwa 20 m, Breite bis etwa 6 m.

**Nacktsamer** die Samenanlagen sind nicht in einem Fruchtknoten eingeschlossen. Sie liegen frei zugänglich, also sozusagen „nackt“ in den Blüten.

**Nadelgehölze** nadelblättrige → Nacktsamer

**oB.** Kennzeichnung für **o**hne **B**allen.

**P** Kennzeichnung für mit Topf (< 2 Liter).

**Pioniergehölze** Pflanzen, die aufgrund ihrer Genügsamkeit und Widerstandsfähigkeit als Erstbesiedler auftreten.

**Rasterpflanzung** größere Anzahl von Bäumen in regelmäßiger, geometrischer Anordnung (z. B. Obstplantagen, Wirtschaftswälder in Monokultur, Barockgärten).

**S.** Kennzeichnung für **S**ämlinge von samenechten Sorten.

**Sol.** Kennzeichnung für **Sol**itärgehölz

**Solitär** Gehölz geeignet für Einzelstellung.

**sommergrüne Pflanzen** Pflanzen, die ihre Blätter im Herbst nach einer Vegetationsperiode abwerfen (herbstlicher Laubfall).

**Stammbusch** großer Heister, StU mindestens 12 cm und Höhe mindestens 2,50 m.

**Stbu.** Kennzeichnung für **St**amm**bu**sch.

**Sth.** Kennzeichnung für **St**eck**h**olz.

**Sträucher** verzweigen sich dicht über oder unter dem Boden. In der Regel sind sie kleiner als Bäume.

**Streupflanzung** Bäume in unregelmäßiger, verstreuter Anordnung (z. B. Streuobstwiesen, Naturlandschaften, Bauerngärten, Landschaftsgärten, Parks).

**StU.** Kennzeichnung für **St**amm**u**mfang.

**Topfware** Pflanzen in einem Behälter < 2 Liter Inhalt.

**Tr.** Kennzeichnung für **Tr**iebe.

**v.** Kennzeichnung für **v**erpflanzt (3xv. = 3 mal verpflanzt).

**Vg.** Kennzeichnung für **V**eredlun**g**.

**v. Str.** Kennzeichnung für **v**erpflanzter **Str**auch.

**w.** Kennzeichnung für aus **w**eitem Stand.

**wintergrüne Pflanzen** Pflanzen, die ihre Blätter erst zu Beginn der nächsten Vegetationsperiode, also im Frühjahr kurz vor dem Blattaustrieb, abwerfen.

**wvp.** Kennzeichnung für **w**urzel**v**er**p**ackt.

**Zapfen** verholzter weiblicher Blütenstand.

### 6.2.2 Gehölzpflanzung

**anaerobe Bakterien** sauerstofffeindliche Bakterien (Fäulnisbakterien).

**Aufbauschnitt** → Erziehungsschnitt

**Auslichtungsschnitt** nur verletzte, kranke, zu dicht stehende Äste und Konkurrenztriebe werden entfernt.

**Auxin** ein → Phytohormon, das von der Baumspitze bis in die Wurzeln fließt und vor allem das Längenwachstum fördert. Es hemmt das Austreiben von Seitenknospen, das Dickenwachstum des Stammes und das Wachstum des Hauptwurzelwerkes.

**Ballenanker/Ballenverankerung** → Unterflurverankerung, i. d. R. durch Fixierung des Wurzelballens mit einem Drahtseil, das an drei Erdankern am Boden der Pflanzgrube befestigt wird.

**Baumpfahl** Pfahl zum Schutz eines frisch gepflanzten Baums vor Windschiefe und -bruch sowie einem ständigen Abreißen der sich neu bildenden Wurzelhaare durch das Hin- und Herbewegen des Baumes im Wind.

**Blumentopfeffekt** bei der Pflanzung von Bäumen wird in der Regel nur die unmittelbare Pflanzgrube verbessert. Dies kann bei Stadtbäumen die Durchwurzelung des angrenzenden, nährstoff- und sauerstoffarmen Bodens verhindern. Die Wurzeln bleiben in der Pflanzgrube wie in einem Blumentopf gefangen, wo sie sich nestartig zusammenballen.

**„bluten"** die durch Verletzung des Xylems erfolgende Saftausscheidung verschiedener Pflanzen, wie z. B. Birke, Ahorn, Walnuss und Weinrebe.

**„Bluter"** bei diesen Pflanzen ist im Frühjahr der → Blutungssaft besonders reichlich vorhanden. Werden diese Pflanzen im Frühjahr vor dem Blattaustrieb geschnitten, wird durch den Wurzeldruck der Blutungssaft aus den Wunden ausgepresst.

**Blutungssaft** er transportiert Zucker und andere Substanzen (organische Säuren, Vitamine, Enzyme, Aminosäuren, Hormone usw.) aus den Speicherorganen im Xylem nach oben.

**Bodenschluss** enger Kontakt des Bodens mit den feinen Wurzelhärchen, sodass die kapillare Wasseraufnahme gewährleistet ist.

**Cytokinin** Ein → Pflanzenhormon, das hauptsächlich in der Wurzel gebildet wird und das Sprosswachstum anregt.

**Drahtanker** → Ballenanker

**Drahthose** feinmaschiges Drahtgeflecht, das um die Stämme der Bäume gelegt wird, es muss zwei Jahre halten und darf das Wachstum der Pflanzen nicht behindern.

**Dreibock** Pfahlgerüst aus drei Senkrechtpfählen zur Baumverankerung.

**Druckholz** Holz, das der Baum zum Auffangen von Druckbelastungen aufbaut.

**einschlämmen** gründliches Angießen eines frisch gepflanzten Baums zur Widerherstellung der Kapillarität (→ Bodenschluss).

**einschlagen** Es wird ein Graben ausgehoben, in den die Pflanzen mit ihren Wurzeln eingestellt werden. Nach dem Anfeuchten wird der Graben zugeschaufelt, sodass die Wurzeln mit lockerer Erde bedeckt sind. Anschließend wird leicht angetreten und ggf. eingeschlämmt.

**Entwicklungspflege** alle Maßnahmen, die zur Erzielung eines funktionsfähigen Zustandes dienen.

**Erhaltungspflege** alle Maßnahmen, die zur Erhaltung des funktionsfähigen Zustandes dienen.

**Erhaltungsschnitt** dient der Erhaltung des arttypischen, natürlichen Wuchses und der Funktionsfähigkeit der Gehölze.

**Erziehungsschnitt/Aufbauschnitt** dient zum Kronenaufbau (Erreichung eines arteigenen, natürlichen Kronenaufbaus). Wird bereits in der Baumschule durchgeführt.

**Ethylen** Wird der Baum durch den Wind hin und her bewegt, wird Ethylen gebildet, das den abwärts gerichteten Auxinfluss hemmt, sodass das Längenwachstum reduziert wird und der Baum zur Anpassung an die Belastung seine Energiereserven nun verstärkt zur Förderung des Dickenwachstums des Stammes, der Bildung von Festigungsgewebe (Zug- und Druckholz) sowie neuer Wurzeln verwendet.

**Feinplanum Pflanzfläche** Ebenheit der Pflanzfläche, Abweichung von der Ebenheit ≤ 5 cm auf 4-m-Messstrecke, Anschlüsse sind bündig oder bis 3 cm tiefer herzustellen.

**Fertigstellungspflege** umfasst alle Maßnahmen, die zur Erreichung eines abnahmefähigen Zustands erforderlich sind.

**Gießring** aus Erde geformter Ring, der dazu dient, dass das Gießwasser sich nicht über die Bodenfläche ausbreitet, sondern innerhalb des Wurzelbereichs versickert. Er sollte etwa doppelt so groß wie der Durchmesser des Ballens bzw. der Wurzel sein. Tiefe, je nach Größe des Baumes, 10 bis 30 cm.

**Großbaum** Baum mit einem Stammumfang von mehr als 30 cm, gemessen in 1 m Höhe über dem Erdboden (bezogen auf das Verpflanzen von Großbäumen).

**Großstrauch** Strauch ab ca. 2 m Breite (Durchmesser), gemessen an der größten Breite (bezogen auf das Verpflanzen von Großsträuchern).

**Indolylessigsäure (IES)** ein Pflanzenhormon, das in den Blättern gebildet wird und das Wurzelwachstum fördert.

**Johannistrieb** zweite Triebphase (erste ist der Frühjahrsaustrieb) um den 24. Juni.

**Kesseldruckimprägnierung** Ausbringungsverfahren von Holzschutzmittel. Dabei wird das Holz unter Druck mit speziellen Salzlösungen getränkt, wobei vor allem das gefährdete Splintholz geschützt wird.

**Kronentraufe/Regentraufe** Tropfkante der Baumkrone (vgl. Seite 20).

**Kunststoffhose** Plastikspirale, die um die Stämme der Bäume gelegt wird, sie muss zwei Jahre halten und darf das Wachstum der Pflanzen nicht behindern.

**Lichtraumprofil** gibt den Abstand der unteren Kronenäste vom Boden an. Muss an Geh- und Radwegen 2,50 m, an Fahrbahnen 4,50 m hoch sein.

**Mehrnährstoffdünger** Dünger, die mehr als einen für die Düngung wesentlichen Nährstoff enthalten (z. B. NPK-Dünger, die die drei Nährelemente Stickstoff (N), Phosphor (P) und Kalium (K) enthalten).

**mulchen** das Abdecken des Bodens mit organischen (z. B. Rindenmulch, Stroh, Grasschnitt) oder anorganischen Stoffen (z. B. Folie, Steine).

**Pflanzschnitt** Schnitt bei der Pflanzung eines Gehölzes, mit dem Ziel, das beim Herausnehmen der Pflanze gestörte Gleichgewicht zwischen Wurzel- und Kronenmasse auszugleichen. → Auslichtungsschnitt, → Rückschnitt, → Erziehungsschnitt.

**Phytohormone** Pflanzenhormone. Sie koordinieren die Stoffwechselvorgänge der einzelnen Zellen, Gewebe und Organe.

**Regentraufe** → Kronentraufe

**Rehazone** ein 30 cm breiter Graben um den Wurzelballen eines frisch verpflanzten Baumes, der mit einem wachstumsfördernden Substrat gefüllt ist.

**Rindenmulch** naturbelassene, zerkleinerte Nadelholzrinde zur Bodenabdeckung.

**Rückschnitt** Pflanzen werden auf 1/3 bis 1/2 ihrer Größe zurückgeschnitten.

**Schrägpfahl** schräg in den Boden geschlagener Baumpfahl.

**Senkrechtpfahl** senkrecht in den Boden geschlagener Baumpfahl.

**StU.** Kennzeichnung für **St**amm**u**mfang.

**Unterflurverankerung** Baumverankerung unterhalb der Bodenoberfläche (nicht sichtbar), z. B. → Ballenverankerung.

**Unterhaltungspflege** alle Maßnahmen, die der Erhaltung eines funktionsfähigen Zustands dienen.

**Verjüngungsschnitt** besteht in erster Linie aus Auslichtungs- und Rückschnitt, Ziel ist die Verjüngung des Holzes.

**Vierbock** Pfahlgerüst aus vier Senkrechtpfählen zur Baumverankerung.

**Wachstumsruhe** Einstellung des Wachstums. Sie beginnt mit dem Laubfall im Herbst und endet mit dem Austrieb im Frühjahr.

**Wundgewebe/Wundkallus** meristematisches Gewebe, das aus an der Wunde angrenzenden Zellen entsteht.

**Wundheilung/Kallusbildung** schnelle Abschottung und Überwallung der Wunde.

**wurzelnackt** ballenlose Pflanze

**Wurzelschnitt** Schnittmaßnahmen an der Wurzel.

**Wurzelvorhang** ein um den künftigen Ballen (Durchmesser mindestens das 10- bis 12fache des Stammdurchmessers) eines zu verpflanzenden Baumes ausgehobener Graben von mindestens 20 cm Breite und einer Tiefe bis unter den Hauptwurzelbereich, der mit einem lockeren, nährstoffreichen Substrat (z. B. Kompost mit Torf vermischt) verfüllt und feucht gehalten wird.

**Zopfstärke** gibt den Durchmesser der Baumpfähle an.

**ZTV** **Z**usätzliche **T**echnische **V**ertragsbedingungen, z. B. für das Verpflanzen von → Großbäumen und → Großsträuchern (vgl. Seite 18).

**Zugholz** Holz, das der Baum zum Auffangen von Zugbelastungen aufbaut.

**Zweibock** Pfahlgerüst aus zwei Senkrechtpfählen zur Baumverankerung.

**Zwischenlagerung** Maßnahme zum Schutz gegen Austrocknung und Überhitzung bei einer Lagerung von ≤ 48 Stunden: Ballen/Wurzel feucht halten durch z. B. Abdecken mit Planen oder Strohmatten, Anschütten von feuchtem Torf.

## 6.3 Hecken

**auf den Stock setzen** Rückschnitt einer Hecke bis kurz über den Boden.

**Benjeshecke/Totholzhecke** preiswertes Verfahren zur Erstellung einer Hecke: Dort, wo die Hecke geplant ist, wird Schnittgut von Gehölzen aufgehäuft. Die dadurch angelockten Vögel hinterlassen mit ihren Ausscheidungen Samen, aus denen sich Pflanzen entwickeln können.

**Formschnitthecke** Hecken, die zur Erhaltung der Form ein- oder mehrmals im Jahr geschnitten werden.

**freiwachsende Hecken** Hecken, die nicht durch regelmäßigen Schnitt geformt werden.

**Grenzabstand** Abstand von der Mittelachse des Gehölzes waagerecht und rechtwinklig zur Grundstücksgrenze gemessen.

**Knick** → Wallhecke

**knicken** beim Knicken werden mit einer Motorsäge die Gehölze auf Kniehöhe so angeschnitten, dass der Aufwuchs nur noch über einen schmalen Streifen aus Rinde, Kambium und Holzteil mit der Stammbasis verbunden bleibt. Nach dem Schnitt wird der Aufwuchs parallel zum Heckenverlauf umgedrückt, sodass er in der Hecke zu liegen kommt.

**Lesesteinhecke** auf den von den Feldern gelesenen und an den Rändern zu Wällen aufgeschichteten Steinen siedeln sich mit der Zeit Gehölze an.

**mittelwaldartige Bewirtschaftung** die Hecke wird in regelmäßigen Zeitabständen unter Erhalt von einzelnen Bäumen, so genannten → Überhältern (Abstand von > 15 m), auf den Stock gesetzt.

**niederwaldartige Bewirtschaftung** die Hecke wird in regelmäßigen Zeitabständen abschnittsweise (20 bis 30 m) auf den Stock gesetzt.

**plenterwaldartige Bewirtschaftung** es findet ein Auslichtungsschnitt unter Wahrung der Struktur und Funktion der Hecke statt, Einzelstämme (maximal 50 %) werden aus dem Bestand entnommen.

**Totholzhecke** → Benjeshecke

**Überhälter** Bäume, die beim auf den Stock setzen von längeren Hecken in der freien Landschaft in Abständen von 20 bis 50 m ungeschnitten bleiben.

**Wallhecke** eine auf einem Erdwall gepflanzte frei wachsende Hecke, in Norddeutschland auch als → Knick bezeichnet.

## 6.4 Streuobstwiesen und Obstbaumschnitt

**Astkragen** → Astring

**Astring** mehr oder weniger stark ausgebildete Verdickung am Astansatz (Holzring, der die Astbasis umgibt), in der sich das für die Bildung der Astsperrzone verantwortliche Gewebe befindet.

**Basisförderung** der am dichtesten am Mitteltrieb stehende Trieb wächst am stärksten.

**Dickenförderung** der dickere Trieb wächst am stärksten.

**Fruchtäste** Äste, an denen → Fruchtholz gebildet wird.

**Fruchtholz** trägt Blüten und Früchte.

**Halbstamm** Stammhöhe 100 bis 120 cm

**Hochstamm** Stammhöhe ≥180 cm

**Kurztriebe** bilden das → Fruchtholz. Da sie frühzeitig Blüten ansetzen, bleiben sie im Wuchs stark gestaucht (≤ 10 cm bis 30 cm).

**Leitäste** bilden zusammen mit dem Mitteltrieb das tragende Gerüst der Krone. Sie gehen in einem Winkel von 45° vom Stamm ab und tragen die → Seitenäste.

**Mitteltrieb** Stammverlängerung

**Niederstamm** Stammhöhe 80 bis 100 cm

| | |
|---|---|
| **Niederstammobstbau** | Obstplantagen, wo auf → Niederstämmen marktgerechte Sorten gezogen werden. |
| **Oberseitenförderung/ Scheitelpunktförderung** | der am höchsten Punkt befindliche Trieb wächst am stärksten. |
| **Obstbaumschnitt** | dient zum Aufbau einer stabilen, licht- und luftdurchfluteten Krone mit einem ausgewogenen Verhältnis zwischen Trieb- und Fruchtwachstum. |
| **Pflanzschnitt** | Schnittmaßnahmen, die vor oder nach der Pflanzung durchgeführt werden (vgl. Seite 111). |
| **Pyramidenhohlkrone/ Trichterkrone** | im Unterschied zur → Pyramidenkrone ist die Stammverlängerung stark eingekürzt, sodass die Krone aus drei bis fünf Leitästen gebildet wird. |
| **Pyramidenkrone** | besteht aus einem Mitteltrieb (der Stammverlängerung) und 3 bis 4 Leitästen mit Seiten- und Fruchtästen (kegelförmiger Aufbau), die wiederum das Fruchtholz tragen. |
| **Reiter** | → Wasserschosse |
| **Saftwaage** | besteht, wenn sich die Schnittstellen der → Leitäste auf gleicher Höhe befinden. |
| **Scheitelpunktförderung** | → Oberseitenförderung |
| **Seitenäste** | Seitentriebe der → Leitäste, die das Fruchtholz tragen. |
| **Spindelbusch** | typische Baumform des Erwerbsobstbaus (Apfel), auf schwach wachsender Unterlage veredelt (bis 3,50 m hoch, Stammhöhe 60 cm), an durchgehender Stammverlängerung (Mittelachse) sind die → Fruchtäste spindelartig angeordnet, benötigt als Stütze einen Pfahl. |
| **Spitzenförderung** | der höchste Trieb wächst am stärksten. |
| **Ständer** | → Wasserschosse |
| **Streuobstwiesen** | locker in der Landschaft in kleineren und größeren Gruppen verstreute Obstgehölze. |

| | |
|---|---|
| **Trichterkrone** | → Pyramidenhohlkrone |
| **Unterlage** | bildet die Wurzelunterlage, auf der die Edelsorte veredelt wird. |
| **Vollkrone** | → Pyramidenkrone |
| **Wachstumsgesetze** | biologische Gesetzmäßigkeiten, nach denen das Wachstum der Gehölze erfolgt. Sie bestimmen die Reaktion des Baumes auf Schnittmaßnahmen. |
| **Wasserschosse/Reiter/ Ständer** | steilstehende Neutriebe |
| **Winkelförderung** | der steilere Trieb wächst am stärksten. |

## 6.5 Rhododendron

| | |
|---|---|
| **Azaleen** | sommergrüne Rhododendren, die ihre Blätter im Herbst abwerfen, ihre Blüten erscheinen vor dem Laubaustrieb, ihr Wuchs ist je nach Sorte schwach bis starkwüchsig (1 bis 5 m). |
| **Ericaceae** | Familie der Heidekrautgewächse. |
| **INKARHO- Rhododendron** | Sorten, die auf kalktolerante Unterlagen veredelt sind, sodass sie auch auf Böden mit höheren pH-Werten (5,5 bis 6,5) wachsen können. |
| **japanische Azalee** | die wintergrünen Rhododendren, die in geschützten Lagen ihre Blätter bis zum Frühjahr behalten. Vom Aussehen her (kleinblättrig) haben sie große Ähnlichkeit mit den Topfazaleen (Rhododendron simsii). Sie sind kleinwüchsig (0,5 bis 1 m Höhe), dichtbuschig und bilden je nach Sorte eine Vielzahl kleiner oder großer Blüten aus. |
| **Rhododendron** | Alpenrose |
| **Rhododendron-Catawbiense-Hybriden** | Wuchshöhe: 2 bis 5 m, Wuchsform: dicht, breit-buschig bis kugelig, Blätter: groß, schmal-eliptisch, Blüte: besonders großblumig, prachtvoll. |

**Rhododendron-Repens-Hybriden** Wuchshöhe: bis etwa 50 cm, Wuchsform: kompakt wachsende Zwergsträucher, Blätter: dunkelgrün, Blüte: leuchtend rot.

**Rhododendron-Williamsianum-Hybriden** Wuchshöhe: bis etwa 1,50 m, Wuchsform: dicht, kugelförmig, Blätter: rundoval, Blüte: groß, glockenförmig.

**Rhododendron-Yakushimanum-Hybriden** Wuchshöhe: bis etwa 1,0 m, Wuchsform: kompakt bis aufrecht, locker, Blätter: dick, länglich, am Rand gewölbt, häufig auf der Blattunterseite behaart und im Austrieb silbergrau-filzig, Blüte: großblütig.

## 6.6 Rosen

**ADR-Rose** Rose, die die Allgemeine Deutsche Rosenneuheitsprüfung bestanden hat.

**Alte Rosen** → historische Rosen

**anhäufeln** Erde wird 20 bis 25 cm kegelförmig an der Rose hochgezogen, erfolgt zum Schutz vor Frost (ab Dezember) und/oder Austrocknung durch Wind/Sonneneinstrahlung im Frühjahr.

**Auge** Knospe, → schlafende Augen.

**Austin, David** britischer Rosenzüchter, dem es gelungen ist, Aussehen (Form und Farbe), Duft und Robustheit alter (historischer) Sorten mit der Öfterblütigkeit und Farbenvielfalt moderner Rosen zu vereinen. → englische Rosen.

**Beetrose** Rose für Beet- und Flächenbepflanzung, wirkungsvoll durch Pflanzung in großer Stückzahl, Rosengruppen: → Polyantharosen, → Floribundarosen, → Floribunda-Grandiflora-Rosen.

**Blütenfüllung** hängt von der Anzahl der → Petalen ab.

**Bodendeckerrose/Flächenrose** Triebe breiten sich über dem Boden aus und bilden im Laufe der Jahre eine geschlossene Decke, Höhe 10 bis 120 cm, Triebe 3 bis 6 m lang.

**Containerrose** Rosen, die in einem Behälter ≥ 3 Liter Inhalt angeboten werden.

**Edelrosen/Teehybriden** Kennzeichen: edel geformte, große, zumeist gefüllte und einzeln stehende Blüten auf einem langen Stiel.

**einfache Blüte** Anzahl der → Petalen: 4 bis 7, z. B. Rosa canina (Wildrose).

**einmal blühende Rose** zeigt im Jahr nur einen Blütenflor, der bis zu 5 Wochen andauert.

**englische Rosen** Züchtungen des britischen Rosenzüchters David Austin. Heute gibt es auch Rosen diesen Typs von deutschen und französischen Züchtern.

**Flächenrosen** → Bodendeckerrosen

**Floribunda-Grandiflora-Rosen** Kreuzung zwischen → Floribundarosen und → Teehybriden, sehen wie vielblütige Teehybriden aus.

**Floribundarosen** Beetrosen mit mehr Edelrosencharakter, stehen im äußeren Erscheinungsbild zwischen Polyantha- und Edelrosen.

**Fußstamm** Stammrose, Stammhöhe 40 cm.

**gefüllte Blüte** Anzahl der → Petalen: 20 bis 40, z. B. 'Schneewittchen'.

**Hagebutte** Frucht der Rosen, Sammelnussfrucht, in deren Fruchtfleisch zahlreiche Einzelfrüchte (Nüsschen) eingebettet sind.

**halbgefüllte Blüte** Anzahl der → Petalen: 10 bis 20, z. B. 'Westerland' (Strauchrose).

**Halbstamm** Stammrose, Stammhöhe 60 cm.

**historische Rosen** die im 18. und 19. Jahrhundert verbreiteten Rosen, haben üppig gefüllte, pastellartig gefärbte und meist mit Duft ausgestattete Blüten.

**Hochstamm** Stammrose, Stammhöhe 90 cm.

**Kaskadenstamm** Stammrose, Stammhöhe 140 cm.

**Kleinstrauchrosen** → Bodendeckerrosen

**Kletterrosen** Triebe neigen zum Klettern, benötigen jedoch einen Halt (Spreizklimmer).

**nachblühende Rosen** stehen im Blühverhalten zwischen einmal und öfter blühenden Rosen, nach der Hauptblüte im Juni/Juli blühen sie bis in den September hinein vereinzelt nach.

**öfter blühende Rosen** bilden den ganzen Sommer über ständig neue Blüten, wobei die erste Hauptblüte im Juni/Juli und die zweite im August/September liegt.

**Okulation** gebräuchliche Vermehrungsart von Rosen, bei der im Juli/August ein → schlafendes Auge (lat. oculus = Auge) einer Edelsorte in die Rinde des Wurzelhalses bzw. bei → Stammrosen in die Rinde der Sprossachse einer als Unterlage dienenden Wildrose eingesetzt wird.

**Petalen** Kron-/Blütenblätter

**Polyantharosen** → Beetrosen, zahlreiche doldenähnliche Blütenstände, einfach oder halbgefüllt.

**Rambler** Kletterrosen mit besonders langen, weichen, biegsamen Trieben.

**Remontantrosen** Anfang des 19. Jahrhunderts entstanden, wichtiges Bindeglied zwischen den alten und modernen Rosen, da sie die Fähigkeit zum → Remontieren haben.

**remontieren** wiederholt blühen, nachblühen.

**Rosarium** Anlage einer Sammlung aus zahlreichen Rosenarten und -sorten.

**Rose** sommergrüner, mehr oder weniger winterharter Strauch mit stacheligen Trieben und → unpaarig gefiederten Blättern, bei denen die Nebenblätter mit den Blattstielen verwachsen sind.

**Rosenduft** wird durch ätherische Öle erzeugt, die in winzigen Drüsen an der Oberseite der Petalen in der Nähe des Blütenbodens produziert und nach außen abgegeben werden, je feuchter und wärmer, desto stärker die Duftentwicklung.

**schlafende Augen** ruhende Knospen, die erst im nächsten Frühjahr oder erst nach mehreren Jahren austreiben.

**Sommerschnitt** Entfernung verwelkter Blüten.

**Sport** durch Sprossmutation und anschließende vegetative Vermehrung entstandene neue Pflanze.

**Stammrosen** auf einem Stämmchen veredelte Rosen.

**stark gefüllte Blüte** Anzahl der → Petalen: ab 40, z. B. 'Mme Isaak Pereire' (Bourbonrose).

**Strauchrosen** starkwüchsiger als Edel- und Beetrosen, zwischen 1 und 4 m in Höhe und Breite, einfache bis edelrosenähnliche Blüte.

**Teehybride** → Edelrose

**Topfrosen** Rosen, die in einem Behälter < 2 Liter Inhalt angeboten werden.

**Trauerrose** Stammrose mit herabhängenden Trieben.

**unpaarig gefiedertes Blatt** Laubblatt, das sich aus mehreren Blättchenpaaren und einem Endblättchen zusammensetzt.

**veredeln** ein Auge oder Reis (Edelreis) einer zu vermehrenden Pflanze wird mit einer anderen bewurzelten Pflanze (Wildrose), die als Unterlage dient, zusammengefügt.

**Wildrose** Wildformen bzw. züchterisch wenig bearbeitete Arten.

**Wildtrieb** aus der Unterlage herauswachsender Trieb.

**wurzelballierte Rose** verfügt über einen kleinen Erdballen, der von einem Netz und einer zusätzlichen Folie oder einem Karton umgeben ist.

**wurzelechte Rosen** aus Stecklingen oder Steckholz vermehrte Rosen (nicht veredelt), wachsen auf eigener Wurzel.

**wurzelnackte Rose** wird ohne Erdballen geliefert.

**wurzelverpackte Rose** die Wurzeln befinden sich zum Schutz vor Austrocknung in einem mit Feuchtigkeit haltenden Material (z. B. Moos) gefüllten Folienbeutel oder einer Kunststoffbox.

**Zwergrosen** kleinwüchsige, 20 bis 40 cm hohe Rosen, die eine Fülle kleiner Blüten ausbilden.

## 6.7 Stauden

### 6.7.1 Botanik

**Bodennah-Knospende** → Chamaephyten

**Chamaephyten** Lebensform der Staude: griech. chamae = niedrig, zwerghaft; phyton = Pflanze; sind Pflanzen, deren Erneuerungsknospen sich nahe über dem Erdboden (10 bis 50 cm) an oberirdisch ausdauernden beblätterten Trieben befinden (Oberflächenpflanzen/Bodennah-Knospende) z. B. Polsterstauden; niedrige, immergrüne Sukkulente.

**Erdschürfepflanzen/ Am-Boden-Knospende** → Chamaephyten

**Geophyten** Erdpflanzen (vgl. Seite 128).

**Helophyten** Sumpfpflanzen

**Hemikryptophyten** Lebensform der Staude: griech. hemi = halb; kryptos = verborgen; phyton = Pflanze. Pflanzen, deren Erneuerungsknospen dicht an der Erdoberfläche liegen.

**Hydrophyten** Wasserpflanzen

**Kryptophyten** Lebensform der Staude: griech. kryptos = verborgen; phyton = Pflanze; sind Pflanzen, die nach dem Absterben ihrer oberirdischen Organe die ungünstige Jahreszeit im Boden

 

(→ Geophyten) oder unter Wasser (→ Hydrophyten und → Helophyten) mit Hilfe von Zwiebeln, Knollen oder Rhizomen überdauern.

**Oberflächenpflanzen** → Chamaephyten

**phyten, phyto** griech. Pflanzen, Pflanze

**Schaftstaude** Staude, deren Erneuerungsknospen am Grunde der abgestorbenen, im Sommer beblätterten Stängel liegen (z. B. Rittersporn).

**Staude** mehrjährige krautige Pflanze. Die Überwinterung erfolgt in Form von Knollen, Zwiebeln oder Wurzelstöcken.

### 6.7.2 Lebensbereiche

**Lebensbereich Beet** humus- und nährstoffreiche, frische Böden, deren Oberflächen durch flaches Hacken oder Mulchen offen gehalten werden.

**Lebensbereiche** geben Auskunft über die standortgerechte Verwendung von Pflanzen.

**Lebensbereich freie Fläche** offene, warme, sonnige Standorte, wie Böschungen, Trockenmauern, Tröge, Terrassen, sommertrockene Plätze und Dachgärten.

**Lebensbereich Gehölz** lichter Schatten, z. B. unter Bäumen oder im Schatten von Mauern, humose Böden.

**Lebensbereich Gehölzrand** halbschattig, z. B. vor und zwischen Gehölzen oder im Schatten von Mauern, bei ausreichender Bodenfeuchtigkeit auch sonnige Plätze.

**Lebensbereich Steingarten** wasserdurchlässige, nährstoffarme, frische bis trockene Böden in meist sonniger Lage: Geröll- und Kiesflächen (Steingärten), Böschungen, Mauerkronen oder -fugen, Terrassen, Tröge, Dachgärten, in Verbindung mit Stufen und Plattenbelägen.

### 6.7.3 Gütebestimmungen

**BartSchV**
→ **B**undes**art**en**sch**utz**v**erordnung

**BDLA**
**B**und **D**eutscher **L**andschafts**a**rchitekten e. V.

**BDS**
**B**und **D**eutscher **S**taudengärtner e. V.

**BGL**
**B**undesverband **G**arten-, **L**andschafts- und Sportplatzbau e. V.

**Bundesartenschutzverordnung (BartSchV)**
bei Stauden, die unter Artenschutz stehen, ist nach der **B**undes**art**en**sch**utz**v**erordnung (BartSchV) entsprechend dem Washingtoner Artenschutzübereinkommen (WA) eine genaue Buchführung über ihren Erwerb und Verkauf bzw. Verbleib vorgeschrieben.

**CITES**
„Übereinkommen über den internationalen Handel mit gefährdeten Arten frei lebender Tiere und Pflanzen" (engl. **C**onvention on **I**nternational **T**rade in **E**ndangered **S**pecies of Wild Fauna and Flora).

**CITES-Papiere**
Aufzeichnungs- und Begleitpapiere. Sie bestehen im Wesentlichen aus dem Herkunftsnachweis. Beim Kauf von vom Aussterben bedrohten Arten müssen sie dem Käufer ausgehändigt werden.

**FLL**
**F**orschungsgesellschaft **L**andschaftsentwicklung **L**andschaftsbau e. V.

**GALK**
ständige **K**onferenz der **G**arten**a**mts**l**eiter beim Deutschen Städtetag.

**Gütebestimmung für Stauden**
legt die Anforderungen an die Beschaffenheit von Stauden fest.

**Meristemvermehrung**
Art der vegetativen Vermehrung, bei der die Anzucht von Pflanzen aus Meristemen (teilungsfähigem Gewebe aus den Vegetationspunkten) auf künstlichen Nährböden im Labor erfolgt.

**Qualitätszeichen Staude** gewährleistet werden die geforderten Qualitätskriterien vor allem beim Kauf in anerkannten Staudengärtnereien. Derartige Betriebe unterziehen sich einer regelmäßigen und unabhängigen Überwachung.

**S.** Kennzeichnung für **S**ämlinge von samenechten Sorten.

**TC** „**Ti**ssue **C**ulture", Kennzeichnung für Stauden aus → Meristemvermehrung.

**WA** **W**ashingtoner **A**rtenschutzübereinkommen

**Washingtoner Artenschutzübereinkommen (WA)** ein internationales Abkommen zum Schutz gefährdeter Tier- und Pflanzenarten, regelt den internationalen Handel mit ihnen.

**Wildware** Stauden, die nicht aus gärtnerischem Anbau stammen.

### 6.7.4 Farbenlehre

**6-teiliger Farbkreis** ordnet man die drei Grundfarben Gelb, Rot und Blau in einem Kreis an und setzt die Mischfarben aus jeweils gleichen Anteilen der benachbarten Grundfarben dazwischen, so erhält man einen 6-teiligen Farbkreis mit den Farben Gelb, Orange, Rot, Violett, Blau und Grün.

**12-teiliger Farbkreis** mischt man die benachbarten Farben in einem → 6-teiligen Farbkreis, erhält man einen 12-teiligen Farbkreis.

**Dreiklang** eine der beiden → Komplementärfarben im → Zweiklang ist durch deren zwei → Nachbarfarben ersetzt.

**Farbklänge** es gibt Zwei-, Drei- und Vierfarbenklänge.

**Farbkontraste** Farbunterschiede

**Farbkreise** Farbkreise sind gute Hilfsmittel beim Umgang mit Farben. Mit ihrer Hilfe lassen sich Farbzusammenstellungen überprüfen bzw. die jeweiligen Nachbar- und Komplementärfarben ablesen und entsprechende Farbkombinationen aufstellen. → 6-teiliger, → 12-teiliger Farbkreis.

| | |
|---|---|
| **Farbton** | Farbabstufung, z. B. verschiedene Rottöne. |
| **Gegenfarben** | → Komplementärfarben |
| **Grundfarben** | Gelb, Rot, Blau; aus Ihrer Mischung ergeben sich alle anderen Farben. |
| **Harmonie mit gemischten Kontrasten** | entsteht durch Verwendung von mindestens drei oder vier → Nachbarfarben plus einer entsprechenden → Komplementärfarbe. |
| **Harmonie mit großen Kontrasten** | → Zwei-, → Drei- und → Vierklänge. |
| **Harmonie mit kleinen Kontrasten** | entsteht indem → Nachbarfarben miteinander kombiniert werden. |
| **harmonische Farbwirkung** | eine aufeinander abgestimmte, miteinander in Einklang stehende Farbwirkung. |
| **kalte Farben** | wirken auf den Betrachter kalt, z. B. Blau und Grün. |
| **Komplementärfarben** | Farben, die sich im Farbkreis gegenüber stehen (→ Gegenfarben). |
| **konträr** | gegensätzlich |
| **Mischfarben 1. Ordnung** | entstehen aus der Mischung zweier → Grundfarben. |
| **Mischfarben 2. Ordnung** | entstehen aus der Mischung von zwei → Mischfarben 1. Ordnung oder durch Mischung der drei → Grundfarben. |
| **Mischfarben 3. Ordnung** | → Pastellfarben |
| **Nachbarfarben** | sind die Farben, die nebeneinander auf dem Farbkreis liegen. |
| **Pastellfarben** | Farben, die durch einen mehr oder weniger starken Weißanteil aufgehellt sind. |
| **Primärfarben** | → Grundfarben |

**Vierklang** harmonisierende Vierklänge bestehen aus komplementären Farbenpaaren. Sie lassen sich im Farbkreis mithilfe von Vierecken zusammenstellen.

**warme Farben** wirken auf den Betrachter warm, z. B. Gelb, Orange und Rot.

**Zweiklang** die Kombination einer Farbe mit ihrer jeweiligen Gegenfarbe im → Farbkreis (z. B. Orange und Blau oder Gelb und Violett).

### 6.7.5 Staudenpflanzung

**Begleitstauden** sind Stauden, die die Wirkung der Leitstauden steigern, insbesondere auch den Zeitraum der Blüte erweitern.

**Bleiber** langlebige Stauden

**Containerpflanzen** Pflanzen, die in einem Behälter ≥ 2 Liter Inhalt angeboten werden.

**Driftpflanzung („drifts")** Staudenpflanzung in schmalen, lang gezogenen, in der Breite variierenden Bändern, die quer zur Blickrichtung des Betrachters angeordnet sind. → klassische Staudenpflanzung.

**English Border** → klassische Staudenpflanzung nach englischem Vorbild.

**flächendeckende Stauden** → Füllstauden

**Füllstaude** dient dazu, die verbleibenden Flächen zu gestalten, zumeist handelt es sich um niedrige Stauden, die farblich mit den Leit- und Begleitstauden harmonieren, sie werden in größeren Gruppen, bei großen Staudenpflanzungen auch ausgesprochen flächig (flächendeckende Stauden) gepflanzt.

**gemischte Rabatte** eine Staudenrabatte in der auch andere Zierpflanzen, wie z. B. kleinere Gehölze, Rosen oder einjährige Sommerblumen, integriert sind.

**Geselligkeitsstufen** geben Gruppierungsempfehlungen für Staudenarten und -sorten.

**Jekyll, Gertrude** englische Malerin (1843–1932), die sich mit Gartengestaltung und Pflanzenverwendung befasste. Die → Driftpflanzung ist eine auf sie zurückgehende Verwendungsform von Beetstauden.

**klassische Staudenpflanzung** bei dieser Art der Pflanzung werden die Stauden in erster Linie unter dekorativen Aspekten (vor allem Farbe und Form) ausgewählt und kombiniert und in Form einer mindestens einen bis mehrere Meter breiten Staudenrabatte gepflanzt, idealerweise vor einer Schnitthecke oder Mauer, die den Hintergrund bildet. Die einzelnen Staudengruppen werden dabei in so genannten „drifts" quer zur Blickrichtung des Betrachters angeordnet.

**Leitstaude** nimmt in einer Staudenpflanzung eine dominierende Wirkung, z. B. aufgrund ihrer Wuchsstärke oder -höhe, ein, sie bildet das Grundgerüst der Pflanzung, an ihr haben sich alle nachfolgenden Stauden in Blütezeit, Farbe und Wuchshöhe zu orientieren.

**Mixed Border** → gemischte Rabatte

**mulchen** das Abdecken des Bodens mit organischen (z. B. Rindenmulch, Stroh, Grasschnitt) oder anorganischen Stoffen (z. B. Folie, Steine).

**naturnah gestaltete Staudenpflanzung** Vorbild bei der Staudenpflanzung sind natürliche Pflanzengesellschaften. Die Auswahl der Stauden erfolgt nach → Lebensbereichen (Kap. 6.7.2) und ihre Anordnung nach → Geselligkeitsstufen.

**N-Ausgleichsdüngung** zusätzliche N-Düngung vor dem Mulchen mit Rindenmulch (etwa 1,5 bis 2,0 kg N/m$^3$) zur Vermeidung von N-Mangel.

**Rabatte** langes, schmales Beet für Gehölze, Stauden und Sommerblumen an Wegen, Rasenflächen, Mauern, Hecken u. a. entlang.

**remontieren** wiederholt blühen, nachblühen.

**Solitärstaude** Stauden, die sich aufgrund ihrer Wuchskraft schlecht mit anderen Stauden kombinieren lassen und deswegen in der Regel einzeln oder in Dreiergruppen gepflanzt werden.

**Sommerschnitt** Rückschnitt nachblühender Arten.

**Topfpflanzen** Pflanzen, die in einem Behälter < 2 Liter Inhalt angeboten werden.

**Tuffs** Pflanzung in kleinen Gruppen.

**Weicher** kurzlebige Stauden wie Bartfaden (Penstemon-Arten) oder Prachtkerze (Gaura lindheimeri).

## 6.8 Zwiebel- und Knollengewächse

### 6.8.1 Botanik

**Amaryllidaceae** Familie der Narzissengewächse.

**einziehen der Pflanzen** das Absterben der Blätter.

**Geophyten** mehrjährige krautige Pflanzen, die ungünstige Jahreszeiten, wie Trocken- oder Winterzeiten, mithilfe unterirdischer Speicherorgane überdauern.

**Iridaceae** Familie der Irisgewächse.

**Knolle** Speicherorgan, fleischig angeschwollene Sprossachse (z. B. Krokus) oder Wurzel (z. B. Dahlie), im Gegensatz zur Zwiebel kein schalenförmiger Aufbau.

**Liliaceae** Familie der Liliengewächse.

**Rhizom** Wurzelstock, unterirdisch verdickte Sprossachsen mit schuppenartigen Niederblättern.

**Sprossknollen** unter- (z. B. Krokus) oder oberirdische (z. B. Cyclamen) Speicherorgane, sie entstehen durch Stauchung und Verdickung von Abschnitten der Sprossachse.

**verwildern** die Fähigkeit zur selbstständigen Vermehrung durch Samen und/oder Brutzwiebeln, sodass sich die Pflanzen unter günstigen Bedingungen im Laufe der Jahre immer mehr ausbreiten.

**Wurzelknollen** Seiten- oder Adventivwurzeln, die zu Speicherorganen entwickelt wurden (z. B. Dahlien).

**Wurzelstock** → Rhizom

**Zwiebel** Speicherorgan, meist unterirdischer Spross, dessen Sprossachse zu einer dünnen Scheibe (Zwiebelboden) gestaucht ist, der die fleischig verdickten Blätter (Zwiebelschalen) aufsitzen, schalenförmiger Aufbau.

### 6.8.2 Tulpen

**botanische Tulpen** Wildtulpen

**Clusius, Carolus** niederländischer Botaniker (1526–1609), einer der Begründer der beschreibenden Pflanzenkunde im 16. Jahrhundert. 1593 pflanzte er die ersten Tulpenzwiebeln im Botanischen Garten der niederländischen Universitätsstadt Leiden.

**Darwin-Hybrid-Tulpen** Kreuzung zwischen Darwin-Tulpen und Fosteriana-Rassen.

**Fosteriana-Tulpen** früh blühend (III–IV), kräftig gebaut, mit großen, sehr schönen, leuchtenden Blüten. Die äußeren drei Blütenblätter weisen leicht zurückgebogene Spitzen auf, die inneren sind abgerundet. Blätter häufig mit schmalem rotem Rand, bei manchen Sorten braungestrichelt. Höhe 20 bis 40 cm. Gut geeignet für Beete, Rabatten, Steingärten, Schnitt und Pflanzgefäße.

**früh blühende Tulpen** Blütezeit Mitte bis Ende April.

**Gartentulpen** zahlreiche in den Gärten kultivierte Tulpensorten, deren Herkunft nicht zu klären ist.

**gefranste Tulpen** haben am Rand ausgefranste Blütenblätter.

**Greigii-Tulpen** mittelfrühe Blüte (IV – V), Blätter auffällig braunrot getupft oder gestrichelt. Große glockenförmige Blüte mit spitz zulaufenden Blütenblättern. Höhe 10 bis 30 cm. Sehr gut für Beete, Rabatten, Steingärten und Pflanzgefäße geeignet.

**Kaufmanniana-Tulpen** früh blühend (III – IV), Blätter manchmal braun gestrichelt, Höhe 20 bis 30 cm. Die meist zweifarbigen, schmalen, spitz zulaufenden Blütenblätter spreizen sich bei sonnigem Wetter weit auseinander, sodass sie waagerecht abstehen und an Seerosen erinnern, was ihnen die Bezeichnung Seerosen-Tulpen einbrachte. Eine der schönsten Wildtulpen, die sich sehr gut für den Garten eignet und in Steingärten oder verwildert zwischen Gräsern und niedrig wachsenden Gehölzen besonders gut zur Wirkung kommt.

**Liliaceae** Familie der Liliengewächse.

**lilienblütige Tulpen** lange schmale Blüten mit spitz zulaufenden Blütenblättern, die sich beim Aufblühen nach hinten biegen. Form ähnelt Lilienblüten. Aufgrund ihrer langen (50 bis 60 cm) und nicht so kräftigen Stiele, besteht eine gewisse Windempfindlichkeit. Gut zum Schnitt und für Rabatten geeignet.

**mittelfrüh blühende Tulpen** Blütezeit Ende April bis Anfang Mai.

**päonienblütige Tulpen** besitzen große gefüllte Blüten, die an Päonien erinnern.

**Papagei-Tulpen** Blüte zeigt auffälliges Farbenspiel (Papagei) von Adern oder geflammten Musterungen in von der Grundfarbe abweichenden Farben. Die sehr großen, auf einem relativ schwachen Stiel sitzenden Blüten sind an ihren Rändern auffallend gewellt, gekräuselt, zerschlitzt oder federartig gefranst. Verwendung als Schnittblumen, ansonsten nur Liebhaberwert.

**Rembrandt-Tulpen** die Blüte weist mindestens zwei Farben auf, von denen die eine den Grundton bildet und die zweite auf dieser in Form von Flecken, Streifen oder Flammen (geflammt) auftritt.

**Seerosen-Tulpen** → Kaufmanniana-Tulpen

**setzen von Blumenzwiebeln** pflanzen von Blumenzwiebeln.

**Siebmaß** gibt den Umfang von Blumenzwiebeln (gemessen in cm) an.

**spät blühende Tulpen** Blütezeit Mai (i. d. R. nach Mitte V).

**Triumph-Tulpen** Kreuzung zwischen einfachen frühen Tulpen und spät blühenden Tulpen, kräftige 40 bis 60 cm hohe Pflanzen mit vielen zweifarbigen Sorten in schönen Farbkombinationen, gut geeignet für Rabatten, bedeutende Schnittblumen.

**Tulipa** Gattung aus der Familie der Liliengewächse, umfasst etwa 100 Arten mit zahllosen Sorten. Heimat Vorder- und Zentralasien, beliebter Frühlingsblüher.

**Tulpomanie** ab 1610 entwickelte sich ein lebhafter Tulpenzwiebelhandel, der zu wilden Spekulationsgeschäften und zur Tulpomanie führte. Die Preise für Tulpenzwiebeln stiegen ins Unermessliche. 1637 fand der Tulpenwahn ein jähes Ende, als über Nacht der Markt für Tulpen zusammenbrach. Viele Menschen standen vor dem finanziellen Ruin.

**Viridiflora-Tulpen** haben teilweise grünlich gefärbte Blüten (viridiflorus = grünblütig), z. B. 'Spring Green', 'Groenland'.

**Wildtulpen** botanische Tulpen

### 6.8.3 Narzissen

**Amaryllidaceae** Familie der Narzissengewächse.

**Cyclamineus-Narzissen** nickende Blüten, Blätter der Hauptkrone zurückgeschlagen. Blüte Mitte März bis Ende April, Höhe 20 bis 30 cm. Verwendung: Steingärten, Verwilderung an feuchten Standorten.

**Dichternarzissen** → Poeticus-Narzissen

**gefüllt blühende Narzissen** Kronen gefüllt, eine oder mehrere Blüten pro Stiel. Blüte April bis Mai, Höhe 35 bis 50 cm. Verwendung: Beete und Rabatten.

**großkronige Narzissen** Nebenkrone länger als ein Drittel, aber kürzer als die Gesamtlänge eines Blattes der Hauptkrone. Blüte Anfang April, Höhe 35 bis 40 cm. Verwendung: Beete, Rabatten, Rasen, Wiese, Gehölzränder, Pflanzgefäße.

**Jonquillen-Narzissen** intensiv duftend, überwiegend mehrblütig und spät blühend (IV–V), Höhe 30 bis 40 cm. Verwendung: Steingärten, Verwilderung an trockenen Standorten.

**kurzkronige Narzissen** Nebenkrone kürzer als ein Drittel eines Blattes der Hauptkrone. Blüte Mitte April, Höhe 40 bis 50 cm. Verwendung: Beete, Rabatten, Rasen, Wiese, Gehölzränder, Pflanzgefäße.

**Narcissus** Gattung aus der Familie Amaryllidaceae mit etwa 50 Arten und mehr als 10 000 Sorten, beliebter Frühlingsblüher.

**Osterglocken** → Trompetennarzissen

**Poeticus-Narzissen/ Dichternarzissen** Hauptkrone weiß, kleine Nebenkrone meist gelb mit rotem Saum, zarter Duft, wenige meist späte bis sehr späte Sorten (V), Höhe 45 cm, Verwendung: Beete, Rabatten, Verwilderung.

**Straußnarzissen** → Tazetten-Narzissen

**Tazetten-Narzissen/ Straußnarzissen** mehrere, straußförmig angeordnete Einzelblüten pro Stängel. Stark duftend, wenig winterhart. Blüte Anfang Mai, Höhe 35 bis 40 cm. Verwendung: Steingarten, Rabatten.

**Triandrus-Narzissen** meist mehrblütig (1 bis 6 Blüten pro Stiel). Blüten hängend oder nickend. Hauptkrone häufig zurückgeschlagen, Nebenkrone trompetenförmig oder großkronig. Blüte Ende April bis Anfang Mai, Höhe 15 bis 50 cm. Verwendung: Rabatten, Steingärten, Verwilderung.

**Trompete** Nebenkrone

**Trompetennarzissen/ Osterglocken** — Trompete (Nebenkrone) ist gleich lang oder länger als die Blätter der Hauptkrone. Überwiegend frühe Sorten (Blüte ab III). Höhe 35 bis 50 cm. Verwendung: Beete, Rabatten, Rasen, Wiese, Gehölzränder, Pflanzgefäße.

**Wildnarzissen** — nicht oder wenig züchterisch bearbeitet, eignen sich besonders gut zum Verwildern.

### 6.8.4 Dahlien

**anemonenblütige Dahlie** — ein oder mehrere Kreise Zungenblüten, in der Mitte dichte Gruppe von Röhrenblüten.

**Asteraceae** — Familie der Asterngewächse.

**Balldahlien** — rundliche gefüllte Blüten, deren Zungenblüten spiralig angeordnet und über mehr als die Hälfte nach innen gerollt sind.

**Compositae** — → Asteraceae

**Dahl, Andreas** — Namensgeber der Dahlie, Schüler von → Linné.

**Dahlia** — Gattung aus der Familie der → Asteracea (Compositae), umfasst ca. 30 Arten mit etwa 20 000 registrierten Sorten. Heimat Mittelamerika, überwiegend Mexiko.

**dekorative Dahlien** — → Schmuckdahlien

**einfach blühende Dahlien** — ein Kreis Zungenblüten in der Mitte Röhrenblüten.

**Halskrausendahlien** — Röhrenblüten werden von einer „Halskrause" aus kleineren und größeren Zungenblüten umgeben.

**Kaktusdahlien** — gefüllte Blüten, Zungenblüten spitz, schmal und röhrenförmig eingerollt.

**Körbchen** — Blütenstand der Korbblütler.

**Korbblütler** — weisen als Blütenstand ein Körbchen auf.

**Linné, Carl von** schwedischer Naturforscher (1707 bis 1778), Begründer der → Pflanzensystematik.

**päonienblütige Dahlien** nach innen gerollte Zungenblüten umschließen kleine Gruppen von Röhrenblüten.

**Pflanzensystematik** Einordnung der Pflanzen nach ihrem Verwandtschaftsgrad.

**Pompondahlien** wie Balldahlien, Blüten jedoch runder und kleiner.

**Röhrenblüte** hat keine Blütenblätter, dafür aber funktionsfähige Geschlechtsorgane.

**Schmuckdahlien** gefüllte Blüten mit dicht stehenden Zungenblüten, die an den Rändern leicht nach innen oder außen gewellt sind, Blütenkopf gewölbt.

**Semikaktusdahlien** gefüllte Blüten, Zungenblüten in der Form zwischen Schmuck- und Kaktusdahlien.

**Zungenblüte** besitzt nur ein, dafür aber besonders großes Blütenblatt. Ihre Geschlechtsorgane sind verkümmert.

## 6.9 Sommerblumen

**Bastard** → Hybride

**Cultivar** Sorte

**Eisheilige** Nachtfröste Mitte Mai, die nach Heiligen benannt sind. In Norddeutschland i. d. R. vom 11. bis 13. Mai (Mamertus, Pankratius, Servatius), in Süddeutschland vom 12. bis 15. Mai (Pankratius, Servatius, Bonifatius und die Kalte Sophie).

**$F_1$-Generation/1. Tochtergeneration** → $F_1$-Saatgut

**$F_1$-Saatgut/$F_1$-Hybride** Saatgut, das aus der Kreuzung zweier reinerbiger (bezogen auf bestimmte Merkmale) Eltern entstanden ist, aus dem Saatgut entwickelt sich die $F_1$-Generation oder 1. Tochtergeneration (1. Filialgeneration), die Pflanzen sind sehr einheitlich.

**Fleuroselect** ist eine 1970 gegründete Vereinigung von Züchtern aus ganz Europa, die generativ vermehrte Sorten unter unterschiedlichsten Klima- und Bodenverhältnissen prüft und auf ihren Anbauwert beurteilt, bewährte Sorten werden mit der Bezeichnung „Fleuroselect" versehen.

**geschützte Sorte** Sorte, die nur mit Einverständnis des Züchters bzw. gegen Entrichtung einer Lizenzgebühr vermehrt werden darf.

**Heterosiseffekt** das Phänomen, dass Pflanzen der $F_1$-Generation ihre Eltern an Wüchsigkeit, Vitalität und anderen Leistungseigenschaften stark übertreffen.

**Heterosissorten** $F_1$-Hybriden

**Hybride/Bastard** Pflanze, die aus einer Kreuzung hervorgegangen ist.

**kreuzen** paaren. Dazu wird Pollen der Vaterpflanze auf die Narbe der Mutterpflanze übertragen.

**Sommerblumen** Bezeichnung für in erster Linie einjährige Pflanzen, aber auch zweijährige, die im Sommer blühen, sowie nicht winterharte Stauden und Gehölze, die bei uns wie einjährige Pflanzen behandelt werden.

**Sorte** Ergebnis einer Züchtung

## 6.10 Heidepflanzen

**Besenheide** → Calluna vulgaris, der Name leitet sich davon ab, dass die Pflanze zur Anfertigung von Kehrbesen diente.

**Calluna vulgaris** → Besenheide, → Heidekraut, → Sommerheide. Dominierende Pflanze des Lebensbereichs Zwergstrauchheide und damit Charakterpflanze des Heidegartens.

**Ericaceae** Familie der Heidekrautgewächse.

**Glockenheide** Erica carnea, Bezeichnet nach ihren glockigen Einzelblüten.

**Heidegarten** ein Garten, angelegt nach dem Vorbild der weiten Heidelandschaften Nordwesteuropas.

**Heidekraut** → Calluna vulgaris

**Heidschnucken** genügsame Schafsrasse, deren Hauptzuchtgebiete Heide- und Moorlandschaften sind.

**Knospenblüher** Callunen, deren Blütenknospen nicht aufblühen, sondern im Knospenstadium verharren.

**Lüneburger Heide** Heidelandschaft, in Niedersachsen im norddeutschen Tiefland zwischen Elbe und Aller gelegene Fläche von etwa 7400 km$^2$.

**Podsol** Bodentyp: saurer, nährstoffarmer Sandboden.

**Sommerheide** → Calluna vulgaris, Bezeichnet nach ihrer Blüte im Sommer (VII–VIII).

**Winterheide/Schneeheide** Erica carnea, Bezeichnung nach ihrer Blüte im Winter (II–IV).

## 6.11 Rasenbau

### 6.11.1 Rasengräser

**Ährchen** kleine Ähre, die in einem Blütenstand an der Stelle der Einzelblüten sitzt.

**Ähre** Blütenstand, Hauptachse lang, Einzelblüten sitzend.

**Ährentraube** Blütenstand, zusammengesetzte Ähre mit gestielten Ährchen.

**Agropyron repens** → Elymus repens

**Agrostis-Arten** Straußgräser

**Agrostis capillaris** Rotes Straußgras

**Agrostis stolonifera** Flechtstraußgras, Weißes Straußgras.

**Ausläufer treibende Gräser** eine Wuchsform von Gräsern, sie bilden oberirdisch oder unterirdisch waagerecht wachsende Seitentriebe, so genannte Kriechtriebe, mit denen sie sich schnell ausbreiten können.

**Basissaatgut** Saatgut der neuen Sorte, gelangt nicht in den Handel, es dient dem Züchter zur Saatgutvermehrung für die Vermarktung.

**Behelfssaatgut** ist artenecht, die Anforderungen an seine Werteigenschaften hinsichtlich Reinheit, Keimfähigkeit und Fremdartenbesatz sind jedoch gering, ist für Notzeiten gedacht, wenn kein anderes Saatgut in ausreichenden Mengen auf dem Markt zur Verfügung steht.

**beschreibende Sortenliste** Liste des Bundessortenamtes mit wesentlichen Merkmalen, Verwendungszweck und Eignungsprüfungs-Ergebnissen von Rasengräser-Sorten.

**Bestockung** die Bildung von bewurzelten Seitentrieben aus den dicht unter der Bodenoberfläche liegenden Halmknoten (Nodien).

**Blattgrund** Übergang von der → Blattscheide zur → Blattspreite.

**Blatthäutchen** ein zartes, mehr oder weniger stark ausgebildetes häutiges Gebilde in der Blattachsel der Gräser (Ligula).

**Blattknoten/Nodium** Ansatzstelle der Blätter an der Sprossachse.

**Blattscheide** bei den Gräsern der untere Teil des Blattes (Unterblatt), der zu einer röhrenförmigen, stängelumfassenden Scheide entwickelt ist.

**Blattspreite** bei den Gräsern der obere, von der Sprossachse abstehende Teil des Blattes (Oberblatt), der der Photosynthese dient.

**Bundessortenamt** Behörde, die für die Eignungsprüfung von Rasengräsern zuständig ist.

**Elymus repens** Gewöhnliche Quecke

**Festuca-Arten** Schwingelgräser

**Festuca nigrescens** Horstrotschwingel

**Festuca ovina** Schafschwingel

**Festuca rubra** Rotschwingel

**Festuca trichophylla** Haarblättriger Schwingel

**Gesamtblütenstand** Zusammenfassung der → Teilblütenstände (→ Ährchen) zu größeren ährigen, traubigen oder rispigen Blütenständen.

**Graminae** → Poaceae

**Grasfrucht** Früchte der Gräser (Karyopse), Unterform der Nussfrucht.

**Halm** beblätterte, hohle, mit verdickten → Blattknoten versehene Sprossachse.

**Handelssaatgut** Saatgut, das artenecht, aber nicht sortenecht ist.

**horstbildende Gräser** eine Wuchsform von Gräsern. Die Bestockung der Pflanzen erfolgt sehr dicht an der Mutterpflanze, sodass scharf abgegrenzte Horste entstehen, die sich nur sehr langsam flächig ausbreiten.

**Hüllspelzen** Hochblätter, die die Ährchen (Teilblütenstände) umhüllen.

**Kahnspitze** die Blattspitze geht plötzlich in eine mehr oder weniger stumpfe Spitze über.

**Karyopse** → Grasfrucht

**Lolium-Arten** Weidelgräser

**Lolium perenne** Deutsches Weidelgras

**Nodium** → Blattknoten

**Nussfrucht** die hautartige Fruchtwand ist mit der Samenschale verwachsen.

**Öhrchen** eine seitliche Verbreiterung des → Blattgrundes.

**Phleum pratense** Wiesenlieschgras

**Poa annua** Einjähriges Rispengras

**Poa-Arten** Rispengräser

**Poaceae** Familie der Süßgräser.

**Poa pratensis** Wiesenrispe

**Poa supina** Lägerrispe

**Rasen** besteht in erster Linie aus unzähligen, dicht an dicht stehenden, durch Schnitt relativ kurz gehaltenen Gräsern aus der Familie der Süßgräser, je nach Verwendungszweck kann ein Rasen aber auch mit Kräutern durchsetzt sein und wiesenähnliche Eigenschaften aufweisen.

**Rasengräser** Gräser aus der Familie der Süßgräser, die die Anforderungen für ein Rasengras erfüllen.

**Rasenmischung** Mischungen aus verschiedenen Gräsern.

**Rasentypen** Zierrasen, Gebrauchsrasen, Strapazierrasen oder Extensivrasen.

**Regelaussaatmenge** 20 bis 40 g/m$^2$

**Regelsaatgutmischungen** Gräsermischungen für → Rasentypen, zusammengestellt vom Arbeitskreis Regel-Saatgut-Mischungen Rasen der Forschungsgesellschaft Landschaftsentwicklung Landschaftsbau e. V. (FLL).

**Rispe** Blütenstände der Gräser, zusammengesetzte Traube.

**RSM** → **R**egel**s**aatgut**m**ischungen

**Saatgutverkehrsgesetz** regelt den Handel mit Saatgut, z. B. Rasensaatgut.

**Sauergräser/ Cyperaceae** krautige, grasähnliche Pflanzen, die vor allem in Sümpfen und Mooren beheimatet sind, z. B. Segge, Wollgras und Sumpfried.

**Scheinähre** gedrängt traubiger oder rispiger Blütenstand.

**Spelzen** trockenhäutige Hochblätter im Blütenstand der Gräser.

**Straußgräser** Agrostis-Arten

**Süßgräser/Gramineae/ Poaceae** Gräserfamilie mit etwa 8500 Arten. Weisen runde und deutlich durch Knoten gegliederte Halme auf.

**Teilblütenstand** Zusammenschluss der zweigeschlechtlichen Einzelblüten der Gräser zu ein- oder mehrblütigen Ährchen.

**Traube** Blütenstand mit langer Hautachse und gestielten Einzelblüten.

**zertifiziertes Saatgut** arten- und sortenechtes Saatgut.

**zusammengesetzte Ähre** Blütenstand, der sich aus Ährchen zusammensetzt.

### 6.11.2 Rasenansaat

**Ammenwirkung** gleichzeitig auflaufende Wildkräuter können die Entwicklung der Gräser fördern: Die rasch auflaufenden Wildkräuter schützen den Boden vor Erosion und Austrocknung und die jungen Graskeimlinge vor sengender Sonne und Platzregen. Durch ihre Wasserverdunstung erhöhen sie die Luftfeuchtigkeit im Pflanzenbestand. Wildkräuter schaffen also in ihrer Umgebung ein Mikroklima, das die Entwicklung der heranwachsenden Gräser günstig beeinflusst.

**auflaufen** das Erscheinen der Keimblätter oder der ersten Laubblätter an der Erdoberfläche.

**Bodenschluss** enger Kontakt des Bodens mit den feinen Wurzelhärchen, sodass die kapillare Wasseraufnahme gewährleistet ist.

**Dunkelkeimer** Pflanzen, deren Samen nur bei Dunkelheit keimen.

**fakultative Dunkelkeimer** Pflanzen, deren Samen durch Dunkelheit in der Keimung gefördert werden, die aber auch bei Licht keimen.

**fakultative Lichtkeimer** Pflanzen, deren Samen durch Licht in der Keimung gefördert werden, die aber auch bei Dunkelheit keimen (z. B. Gräser).

**Feinplanum** darf laut DIN 18 917 von der Ebenheit auf 4 m Messstrecke bei Gebrauchs-, Zier- und Strapazierrasen nicht mehr als 3 cm und bei Extensivrasen nicht mehr als 5 cm abweichen.

**Fertigstellungspflege** umfasst alle Maßnahmen, die zur Erreichung eines abnahmefähigen Zustands erforderlich sind.

**Grobplanum** Fläche ist grob planiert.

**Handeinsaat** gleichmäßige Verteilung der Saat mit der Hand.

**Keimdauer von Rasengräsern** Zeit von der Aussaat bis zum → Auflaufen der Pflanzen.

**Keimung** Embryo (Keimling) nimmt sein unterbrochenes Wachstum wieder auf. Mit der Fähigkeit zur Photosynthese ist die Keimung beendet.

**Kreiselegge** an einer Achse befinden sich Kreisel, die aus zwei bis vier starren oder gefederten Zinken bestehen. Sie rotieren horizontal und gegenläufig, wobei sich die Arbeitskreise überschneiden. Dient zum Lockern und Einebnen des Bodens.

**Lichtkeimer** Pflanzen, deren Samen nur bei Licht keimen. → fakultative Lichtkeimer.

**LUFA** Landwirtschaftliche Untersuchungs- und Forschungsanstalt.

**projektive Bodenbedeckung** Bedeckungsdichte des Bodens mit Gräsern bei Betrachtung der Fläche im geschnittenen Zustand senkrecht von oben.

**Rasenbaumaschine**
Maschine zur Rasenansaat, die in einem Arbeitsgang vorwalzt, aussät, einigelt und anwalzt.

**Rüttelegge**
an zwei bis vier hintereinander liegenden Balken, die gegenläufig hin- und herbewegt werden, befinden sich 20 bis 30 cm lange Zinken. Dient zur Lockerung und Einebnung des Bodens.

**Umkehrfräse**
im Gegensatz zur herkömmlichen Fräse arbeitet der mit Fräsmessern bestückte Rotor gegen die Fahrtrichtung. Dabei wird der Boden gegen eine Art Trennrechen oder ein Stahlgitter geworfen, sodass grobe Bestandteile wie Steine und Pflanzen nach unten auf die Sohle fallen und mit der durch den Trennrechen fliegenden Erde 5 bis 10 cm hoch bedeckt werden.

### 6.11.3 Fertigrasen

**Blockrasen**
nicht aufgerollte Rasenstücke mit den Maßen 0,5 × 0,45 m und 40 mm Dicke, die zum Austausch an kleineren, hoch belasteten Stellen gedacht sind.

**Bodengruppe 2**
nichtbindiger Boden, zur Anzucht von Fertigrasen geeignet.

**Bodengruppe 4**
schwachbindiger Boden, zur Anzucht von Fertigrasen geeignet.

**Dicksode**
30 bis 38 mm dicke Rasensode. Wird vor allem in Stadien verwendet.

**Fertigrasen**
flach abgestochene/geschälte Rasenstücke → Rollrasen.

**Großrolle**
Länge: 20 m bis 25 m, Breite: 0,75 m bis 2,20 m, Fläche: 15 bis 50 $m^2$.

**Kleinrolle**
Länge: 250 cm, Breite: 40 cm, Dicke: 10 mm (bis 22 mm), Fläche: 1 $m^2$.

**Rollrasen**
maschinell geschälter Fertigrasen, der in Rollen geerntet wird.

### 6.11.4 Rasenpflege

**aerifizieren** belüften von Rasenflächen durch Beseitigung von Verdichtungen im Bereich des Wurzelhorizontes.

**Aerifiziergerät** an einer rotierenden Welle befinden sich im Abstand von etwa 15 cm Schlitzmesser oder Hohl-/Löffelwerkzeuge (Spoons), die die verdichtete Rasentragschicht aufschlitzen bzw. Erdkegel aus dem Boden herausstechen.

**alkalische Reaktion** pH-Wert > 7,0

**Ausläufer bildende Wildkräuter** Wildkräuter, die sich durch ober- oder unterirdisch waagerecht wachsende Seitentriebe ausbreiten, indem sich an den Blattknoten der stark verlängerten Internodien kleine Pflänzchen bilden, z. B. Weißklee, Fadenehrenpreis, Kriechender Günsel, Kriechendes Fingerkraut, Kriechender Hahnenfuß.

**Balkenmäher** besitzen einen Mähbalken mit dem sie das Gras scherenartig abschneiden.

**besanden** das Auftragen und Einarbeiten von gewaschenen, mittel- und grobsandreichen Sanden (2–5 $l/m^2$) auf Rasenflächen zur Verbesserung der Bodenstruktur.

**beschreibende Sortenliste** Liste des Bundessortenamtes mit wesentlichen Merkmalen, Verwendungszweck und Eignungsprüfungs-Ergebnissen von Rasengräser-Sorten.

**Blattfleckenkrankheit** Pilzkrankheit (Helminthosporium-Arten), an den Blättern der Gräser bilden sich ovale, dunkelbraun umrandete Flecken, die später von innen her eine weißliche Färbung annehmen. Starker Befall führt zum Absterben der Blätter.

**Depotdünger** Langzeitdünger, setzen ihre Nährstoffe sehr langsam frei, sodass zwei bis drei Düngergaben im Jahr (April, Juni und evtl. August) ausreichend sind.

**Dollarfleckenkrankheit** Pilzkrankheit (Sclerotinia homoeocarpa), im Rasen treten gelbe, rundliche Flecken in der Größe von Dollarstücken (Durchmesser 1 bis 5 cm) auf.

**Drahtwürmer** Larven der → Schnellkäfer.

**Echter Mehltau** Pilzkrankheit; chlorotische und nekrotische Blattverfärbungen; vertrocknende und absterbende Blätter; weißlich grauer, mehlartiger Belag auf der Blattober- und Blattunterseite.

**Engerling** Larve des Maikäfers.

**Erdraupen** fleischige Raupen aus der Schmetterlingsfamilie der Eulen (Nachtfalter). Typisch ist ihr Zusammenrollen bei Störungen. Sie schädigen durch Fraß an Wurzeln und Stängelgrund der Gräser.

**Extensivflächen** wiesenähnliche Grasflächen, die gar nicht oder nur selten geschnitten werden.

**Extensivrasen/Wiese** Rasentyp für wiesenähnliche, extensiv genutzte/gepflegte Flächen im öffentlichen und privaten Grün. Nicht oder wenig belastbar, Pflegeansprüche i. d. R. gering.

**Extensivschlegelmäher** Bezeichnung für Schlegelmäher, deren Schnittqualität nur für extensiv gepflegte Flächen ausreichend ist.

**Feinsand** → Sand der Korngröße 0,2 bis 0,063 mm.

**Feinschnittschlegelmäher** stellen eine Weiterentwicklung der robusten Extensivschlegeltechnik dar. Aufgrund der feineren Zerkleinerung des Mähguts entspricht die Schnittqualität der eines durchschnittlichen Sichelmähers.

**Fertigstellungspflege** führt einen abnahmefähigen Zustand (Zustand, bei dem eine typengerechte Weiterentwicklung zu erwarten ist) herbei.

**Freischneider** mit einem rotierenden Messer ausgestattetes tragbares Gerät. Dient zum Grasschnitt an für Mäher schwer zugänglichen Stellen, z. B. zwischen Gehölzen oder entlang von Zäunen.

**Frontsichelmäher** Mähwerk befindet sich vor den Vorderrädern.

| | |
|---|---|
| **Gebrauchsrasen** | Rasentyp, steht in seinen Eigenschaften zwischen → Zier- und → Strapazierrasen, Belastbarkeit mittel, Pflegeansprüche mittel bis hoch, für öffentliches Grün, Wohnsiedlungen, Hausgärten u. Ä. |
| **Grobsand** | → Sand der Korngröße 2 bis 0,63 mm. |
| **Großflächenmäher** | Mäher mit mehreren Sichelmessereinheiten (Sichelmäher) oder Messerwalzen (Spindelmäher). |
| **Herbizide** | chemische Mittel zur Abtötung von → Wildkräutern. |
| **Hexenringe** | Symptome von Humus abbauenden Bodenpilzen (Marasmius oreades); es bilden sich ringförmige, abgestorbene Zonen im Rasen, die von dunkelgrünen Gräsern begrenzt werden. Gräser im Innern der Kreise können vergilben und absterben. Auftretende Fruchtkörper sind, wie von „Hexenhand", ringförmig (in Kreisen) angeordnet. |
| **Intensivflächen** | intensiv genutzte Rasenflächen, die entsprechend häufig gemäht, gedüngt und gewässert werden. |
| **Internodium** | Pl. Internodien, der zwischen zwei Blattknoten (Nodien) liegende Teil der Sprossachse. |
| **Kombinationsmäher** | → Großflächenmäher |
| **Kreiselmäher/Scheibenmäher** | besitzt horizontal rotierende Kreisel/Scheiben, an denen zwei oder vier bewegliche (pendelnde), austauschbare Messer angebracht sind, die das Gras schneiden, wobei immer zwei Kreisel gegenläufig zusammenarbeiten, das Schnittgut wird in Schwaden abgelegt (Schwadenmäher). |
| **Landschaftsrasen** | → Extensivrasen |
| **Mähroboter** | → Mulchmäher, die selbstständig Rasenflächen mähen. |
| **Mähwerke** | Spindel-, Sichel-, Schlegel-, Balken-, Kreiselmähwerke. |
| **Mittelsand** | → Sand der Korngröße 0,63 bis 0,2 mm. |
| **Mulchmäher** | → Recycler-Mäher |

**Mulchschnitt/Mulchmahd** das Schnittgut bleibt nach dem Schnitt/der Mahd auf der Fläche liegen.

**neutrale Reaktion** pH-Wert 7,0

**$N_{min}$-Methode** Methode zur Feststellung des pflanzenverfügbaren (mineralisierten) N-Gehalts ($NO_3^-$ und $NH_4^+$) des Bodens.

**Overseeder** Nach-/Übersägerät

**persönliche Schutzausrüstung** bei der Durchführung von Mäharbeiten: Schutzschuhe, Schutzhandschuhe beim Schneiden von stacheligen und dornigen Pflanzenteilen, Gehörschutz bei lärmintensiven Maschinen wie Balkenmäher und Freischneider, Gesichts-/Augenschutz beim Arbeiten mit Freischneidern oder Motorsensen, Warnkleidung beim Arbeiten im öffentlichen Verkehrsbereich.

**physiologisch alkalisch wirkende N-Dünger** Nitratdünger, die den pH-Wert des Bodens erhöhen, indem die Pflanze für ein aufgenommenes Nitrat-Ion ($NO_3^-$) ein Hydroxyl-Ion ($OH^-$) abgibt.

**physiologisch sauer wirkende N-Dünger** Ammoniumdünger, die den pH-Wert des Bodens senken, indem die Pflanze für ein aufgenommenes Ammonium-Ion ($NH_4^+$) ein Wasserstoff-Ion ($H^+$) abgibt.

**Rasenfilz** abgestorbene, nicht zersetzte Pflanzenreste können sich im Laufe der Zeit derartig miteinander verflechten, dass eine Filzschicht im Bereich der Wurzelhalszone der Gräser entsteht, die das Eindringen von Wasser und Luft stark behindert.

**Rasenkehrmaschine** Maschine zum Aufsammeln von Rasenschnitt.

**Rasenregeneration** Maßnahmen zur Rasenerneuerung.

**Rasenroboter** → Mähroboter

**Recycler-Mäher/Mulchmäher** besitzt Mulchglocken ohne Auswurf, in denen sich speziell konstruierte und angeordnete Sichelmesser befinden, die das Schnittgut extrem klein häckseln. Mit dem Luftstrom des Messerwerks wird das Schnittgut in die Grasnarbe eingeblasen.

**Rosetten bildende Wildkräuter** Wildkräuter, deren Blätter an der Basis der Sprossachse entspringen. Der darüber liegende Abschnitt der Sprossachse ist blattlos und trägt die Blüte, z. B. Breitwegerich, Löwenzahn oder Gänseblümchen.

**Rost** Pilzkrankheit (Rostpilze, Puccinia-Arten), an den Blättern treten Chlorosen und gelbbraune bis rostrote, sichtbar stäubende Pusteln auf. Blätter welken und vertrocknen.

**Rotspitzigkeit** Pilzkrankheit (Laetisaria fuciformis), an den Blättern der Gräser bilden sich gelbe, später rötliche, gallertartige Wucherungen, welche die Blattspitzen miteinander verkleben.

**Salzwasserprobe** ausgestochene Grassoden werden 20 bis 30 Minuten in eine mit Viehsalz gesättigte Lösung (2 kg Viehsalz/10 l Wasser) gelegt. Wenn eine Kartoffelscheibe schwimmt, ist die Lösung richtig. In den Soden vorhandene Tipula-Larven kommen hervorgekrochen.

**Sand** Bodenteilchen < 2 mm bis 0,063 mm.

**saure Reaktion** pH-Wert < 7,0

**Scheibenmäher** → Kreiselmäher

**Scherenschnittprinzip** Messer drehen sich gegen ein feststehendes Messer, sodass das Gras wie mit einer Schere abgeschnitten wird → Spindelmäher, → Balkenmäher.

**Schermaus** → Wühlmaus (Arvicola terrestris). Sie ist im allgemeinen gemeint, wenn man von Wühlmäusen spricht. Die 12 bis 22 cm große Wühlmaus lebt überwiegend unterirdisch. Sie schwimmt und taucht vorzüglich, was ihr auch den Namen Wasserratte eingebracht hat.

**schlagende Mähwerke** schneiden das Gras nicht nach dem → Scherenschnittprinzip, sondern schlagen es ab, z. B. → Sichelmäher, → Schlegelmäher, → Kreiselmäher.

**Schlegelmäher** besitzen an einer horizontalen Welle frei schwingende winkel- oder Y-förmige Messer (Schlegel). Beim Mähen rotiert die Welle gegen die Fahrtrichtung, wobei das Mähgut von den Schlegelmessern so fein zerschlagen wird, dass es auf der Fläche liegen bleiben kann.

**Schleuderstreuer** Dünger wird über eine rotierende Scheibe verteilt.

**Schneeschimmel** Pilzkrankheit (Gerlachia nivalis), zwischen September und April, besonders nach der Schneeschmelze, entwickeln sich bis 30 cm große, gelblich braune bis silbergraue, kreisförmige Flecken im Rasen.

**Schnellkäfer** Käferfamilie. Können mit einem knipsenden Geräusch aus der Rückenlage bis zu 30 cm hochschnellen. Ihre Larven (Drahtwürmer) schädigen durch Fraß an Wurzeln und Stängelgrund der Gräser.

**Schwadenmäher** → Kreiselmäher

**selektiv wirkende Herbizide** bekämpfen in einem Rasen nur die zweikeimblättrigen Kräuter, nicht die einkeimblättrigen Gräser.

**Sichelmäher** an einer senkrechten Achse ist horizontal ein Messerbalken angebracht, der mit hoher Geschwindigkeit um seine eigene Achse rotiert. Durch die Rotation wird ein Sog erzeugt, der das Gras vor dem Schnitt aufrichtet.

**Spindelmäher** auch als Walzenmäher bezeichnet, es befinden sich an einer horizontalen Welle, der Spindel, schräg zur Achse angebrachte Messer, die von einer Walze bewegt werden. Beim Rotieren der Trommel drehen sich diese gegen ein feststehendes Untermesser, sodass das Gras wie mit einer Schere abgeschnitten wird.

**Spoons** Hohl- oder Löffelwerkzeuge an einem Aerifiziergerät, die Erdkegel aus dem Boden herausstechen (i. d. R. 10 cm tief) und durch einen Federmechanismus herauswerfen.

**Strapazierrasen** Rasentyp für stark belastete Rasenflächen wie Sport- und Spielflächen, Liegewiesen und Parkplätze, Pflegeansprüche mittel bis sehr hoch.

**Streubreite** ist die tatsächliche Streuweite des Schleuderstreuers unter Berücksichtigung der notwendigen Überlappung, sie ist immer kleiner als die Wurfweite.

**Tipula-Larve** Larve der Wiesenschnake (Tipula palodosa). Schädigt durch Fraß an Wurzeln und oberirdischen Pflanzenteilen der Gräser.

**Unkräuter** → Wildkräuter

**Untergräser** die in einem Rasen langsamer wachsenden Gräser.

**Unterhaltungspflege** Rasenpflege nach der Abnahme, sie dient der Erhaltung eines funktionsfähigen Rasens.

**vertikutieren** Senkrechtschneiden, an einer mit hoher Geschwindigkeit rotierenden Welle sind dicht an dicht senkrechte Messer angebracht, die den Rasenfilz in der Wurzelhalszone zerschneiden und herausreißen.

**Walzenmäher** → Spindelmäher

**Wiese** → Extensivrasen (vgl. Seite 153).

**Wildkräuter** wildwachsende, züchterisch nicht veränderte, krautige Pflanzen.

**Wühlmäuse** besitzen im Unterschied zu den echten Mäusen (z. B. Hausmaus) einen gedrungenen Körper mit kurzen Beinen, einen relativ dicken Kopf mit stumpfer Schnauze, kleine Augen und kurze, nur wenig aus dem Pelz hervorragende Ohren. Der Schwanz ist kurz und stark behaart, z. B. → Schermaus, Feldmaus, Rötelmaus und Bisamratte.

**Wurfbreite** ist die mögliche Wurfweite des Schleuderstreuers.

**Wurzelgrundfäule/ Stängelgrundfäule** Pilzkrankheit (Pythium-Arten), braune Verfärbungen und Fäule an Wurzel, Wurzelhals und Stängelgrund. Befallene Pflanzen welken und sterben ab.

**Wurzelunkräuter** ausdauernde Wildkräuter, die über einen Wurzelstock (z. B. Quecke, Große Brennessel, Giersch) oder Speicherwurzeln (z. B. Löwenzahn, Distel) verfügen.

**Zierrasen** Rasentyp, weist eine dichte, teppichartige Narbe aus feinblättrigen Gräsern auf, Belastbarkeit gering, Pflegeansprüche hoch bis sehr hoch, dient als Repräsentationsgrün.

**Zwischenachsensichelmäher** Mähwerk befindet sich zwischen Vorder- und Hinterachse.

## 6.12 Blumenwiese

**Ackerwildkräuter** z. B. Klatschmohn, Kornblume, Kornrade und Ackerkamille, einjährige Pflanzen, die jährlich neu ausgesät werden müssen, sind auf Böden angewiesen, die offen gehalten werden, z. B. durch regelmäßiges Pflügen oder Umgraben.

**autochthone Pflanzen** standort-/gebietsheimische Pflanzen.

**Bergfettwiesen** Fettwiesen oberhalb etwa 600 m Meereshöhe.

**Bergwiesen** Wiesen, die oberhalb der Baumgrenze gelegen sind.

**Biotop** Lebensraum (nicht lebende Teile).

**Biozönose** Lebensgemeinschaft eines → Biotops (lebende Teile).

**Blumenrasen** → Kräuterrasen

**Blumenwiese** → Wiese

**Drusch** das Gedroschene, die beim Dreschen herausgelösten Samen.

**Einschnittwiese/Zweischnittwiese** Wiese, die nur ein- (Juli/August) oder zweimal im Jahr (Juni/Juli und September/Oktober) gemäht wird.

**Fettwiesen** Kennzeichen: fruchtbare, d. h. nährstoffreiche Böden mit hohem Grundwasserstand, hoher Futter- und Heuertrag.

**Feuchtwiesen** Kennzeichen: nasse Böden mit hohem Grundwasserstand.

**Genotyp** die Gesamtheit der Gene (Erbbild, genetische Information oder Genom).

**Glatthaferwiese** — charakteristische Pflanzenart Glatthafer (Arrhenaterum elatius), typische Pflanze der Fettwiesen unterhalb einer Meereshöhe von ca. 600 m (Talfettwiesen).

**Goldhaferwiese** — charakteristische Pflanzenart Goldhafer (Trisetum flavescens), typische Pflanze der Fettwiesen oberhalb etwa 600 m Meereshöhe (Bergfettwiesen).

**Halbtrockenwiesen** — im Vergleich zur Trockenwiese aufgrund geringerer Sonneneinstrahlung weniger Wassermangel.

**Heudrusch-Ansaat/ Heudrusch-Verfahren** — einsäen, indem das Mähgut einer Wiese als Drusch auf der Fläche verteilt wird.

**Heumulch-Ansaat** — einsäen, indem das Mähgut einer Wiese als Mulch auf der Fläche verteilt wird.

**Internationale Florahilfe e. V.** — 1954 gegründeter Verein, verschickt Samen bedrohter Wildblumen zur Aussaat an Mitglieder im In- und Ausland.

**Kalkmagerwiese** — nährstoffarme, trockene Böden mit einem hohen pH-Wert.

**Kräuterrasen** — besteht aus üblichen Rasengräsern sowie einer Anzahl von Wildblumen. Zwischending zwischen einem Vielschnittrasen und einer Wiese.

**Leguminosen** — Pflanzen der Familie der Schmetterlingsblütler. Sie leben mit Knöllchenbakterien, die den Stickstoff der Luft binden können, in einer Symbiose (Lebensgemeinschaft zum beidseitigen Nutzen), z. B. Klee.

**magerer Standort** — nährstoffarmer Boden

**Magerwiesen** — Kennzeichen: unfruchtbare, d. h. nährstoffarme Böden, geringer Futter- und Heuertrag.

**Mähwiesen** — Wiesen zur Grünfutter- und Heugewinnung.

**Mahd** — das Mähen einer Wiese bzw. von Gras.

**Matten** — → Bergwiesen

**Mulchschnitt/Mulchmahd** das Schnittgut bleibt nach dem Schnitt/der Mahd auf der Fläche liegen.

**natürliches Standortmosaik** jeder Standort setzt sich aus einem Mosaik unterschiedlicher Standortbedingungen, von sonnig bis schattig, feucht bis trocken, stickstoffarm bis -reich oder sauer bis alkalisch, zusammen.

**Naturgarten e. V.** Verein für naturnahe Garten- und Landschaftsgestaltung. Verleiht für einheimische Wildblumenmischungen ein Gütesiegel.

**Ökosystem** die Gesamtheit der Beziehungen zwischen den Lebewesen und ihrem Lebensraum, z. B. Ökosystem Wiese.

**Ökotypen** standortbedingte unterschiedliche Genotypen einer Wildpflanzenart.

**Pfeifengraswiese** charakteristische Pflanzenart, Pfeifengräser (Molinia caerulea) sind typische Pflanze der → Magerwiesen.

**rekultivieren** unfruchtbar gewordenen Boden wieder nutzbar machen.

**rote Liste** Einstufung gefährdeter Tier- und Pflanzenarten. Wiesen stehen auf der roten Liste der gefährdeten Biotope.

**Säuberungsschnitt** Schnitt einer Wiese im Spätherbst zur Reinigung der Fläche („sauberes Aussehen").

**Salzwiesen** finden sich innerhalb der Verlandungszone des Wattenmeeres, sehr salz- und nährstoffreich.

**Sandmagerwiese** nährstoffarme, trockene Böden mit einem niedrigen pH-Wert.

**Saugmahd** das Absaugen des Mähgutes beim Mähen.

**saure Magerwiese** → Sandmagerwiese

**Selektion** Auslese

**Stauden** ausdauernde krautige Pflanzen.

**Steppen**
Trockengebiete Osteuropas.

**Talfettwiesen**
→ Fettwiesen unterhalb einer Meereshöhe von ca. 600 m.

**Trockenwiesen**
trockene, wasserdurchlässige Böden, verbunden mit hoher Sonneneinstrahlung.

**Universalmischungen**
Wiesenmischungen, die aus einer Vielzahl von Pflanzen mit unterschiedlichen Ansprüchen bestehen, sodass eine hohe Anpassungsfähigkeit an unterschiedliche Standort- und Klimabedingungen gewährleistet ist.

**vermagern**
Verringerung der Nährstoff- und Wasserhaltekraft des Bodens, z. B. durch Einarbeiten von Sand.

**Wiese**
artenreiche Lebensgemeinschaft, bestehend aus einer Vielzahl verschiedenartiger krautiger Pflanzen.

**Wiesenbiotoptypen**
zur Vereinfachung werden Wiesen nach den prägenden Standortfaktoren in Wiesenbiotoptypen eingeteilt, z. B. Magerwiesen, Fettwiesen, Feuchtwiesen.

**Wildblumeninseln**
1 bis 2 m² große Stücke im Rasen, die von Grassoden befreit und gezielt mit Wiesenblumen eingesät oder bepflanzt sind.

**Wildkräuter**
wildwachsende, züchterisch nicht veränderte, krautige Pflanzen.

**Wildstauden**
wildwachsende, züchterisch nicht bearbeitete Stauden.

# 7 Bau- und vegetationstechnische Arbeiten

## 7.1 Teich- und Bachbau

**Aerenchym** Durchlüftungsgewebe, mit Luft erfülltes Interzellularsystem.

**Algen** ein- und mehrzellige Pflanzen, die Photosynthese betreiben können.

**Algenexplosion** eine Phosphoranreicherung in Gewässern führt zur „Explosion" des Algenwachstums.

**Amöben** einzellige, formveränderliche Lebewesen, die ihre Nahrung, z. B. Bakterien, zur Verdauung umfließen.

**Amphibien** sowohl im Wasser als auch auf Land lebendes Wirbeltier wie Frosch, Molch, Kröte, Unke, Salamander.

**amphibische Wasserpflanzen** können sich dem Feuchtigkeitsangebot anpassen, indem sie im Wasser Wasserformen und oberhalb/außerhalb des Wassers Landformen bilden, z. B. Wasserknöterich (Persicaria amphibia).

**BArSchV** **B**undes**ar**ten**sch**utz**v**erordnung

**BGH** **B**undes**g**erichts**h**of

**Bitterling** ein 6 bis 10 cm kleiner, friedliebender Schwarmfisch aus der Familie der Karpfenfische.

**BNatSchG** **B**undes**nat**ur**sch**utz**g**esetz

**Dichtungsmittel** Beton, Ton, GfK (glasfaserverstärktes Polyesterharz), Folie

**Eintagsfliege** kleine Insekten, deren Lebensdauer außerhalb des Wassers nur wenige Stunden bis einige Tage beträgt.

**Entengrütze/Entengrün/Entenflott** auf der Wasseroberfläche schwimmender Pflanzenbestand der Kleinen Wasserlinse (Lemna minor), die u. a. Enten als Nahrung dient.

| | |
|---|---|
| **EPDM** | Ethylen/Propylen-Dien-Mixture. |
| **Eutrophierung** | Nährstoffanreicherung (in erster Linie Phosphor) in Gewässern und ihre Folgen. |
| **Fauna** | Tierwelt, z. B. eines Gebietes. |
| **Fertigteich** | Teichschalen aus Hart-Polyethylen oder glasfaserverstärktem Polyester. |
| **FI-Schutzschalter** | Fehlstromschutzschalter (vgl. Seite 165). |
| **Flachwasserzone** | bildet mit einer Wassertiefe von 10 bis 30 cm den größten Teil des Teiches. |
| **Flora** | Pflanzenwelt, z. B. eines Gebietes. |
| **Geißeltierchen** | Einzeller, die ein oder mehrere Geißeln (fadenförmige Körperanhänge) besitzen, die zur schwimmenden Fortbewegung und dem Heranstrudeln von Nahrung dienen. |
| **Gelbrandkäfer** | räuberisch lebender Schwimmkäfer. |
| **Geovlies** | synthetische Vliesmatte, als Folienunterlage (≥ 500 g/m²) schützt sie Teichfolien vor Beschädigung. |
| **Gewässersterben** | zunehmende Sauerstoffarmut in Gewässern, aufgrund erhöhtem Anteil an organischer Substanz, die dazu führt, dass Tiere und Unterwasserpflanzen sterben. Das Gewässer stirbt oder kippt um. |
| **Glasfaserteiche** | Teichschalen aus glasfaserverstärktem Polyester. In Polyesterharz getränkte Glasfasermatten werden in die ausgehobene und modulierte Teichmulde verlegt und mit Polyesterharz verwalzt. |
| **Goldfisch** | ein aus China stammender, bis zu 60 cm großer, gelblich bis orange gefärbter Karpfenfisch, der seit über 1000 Jahren gezüchtet wird. |
| **Grasfrosch** | ein etwa 10 cm großer, braun gefärbter Frosch, der sich vorwiegend außerhalb des Wassers, in Gärten und Parks, auf- |

hält und Wasser nur zur Fortpflanzung und z. T. zur Überwinterung aufsucht.

**gründeln** im Bodengrund wühlen, z. B. Karpfen und Schleie.

**Heißluftverfahren/ Heißluftschweißung** Verfahren zur Verschweißung von Folienbahnen mit Hilfe eines Industrieföhns.

**Helophyten** Sumpfpflanzen

**Hibernakeln** → Überwinterungsknospen

**Hydrophyten** → Wasserpflanzen

**Hygrophyten** Pflanzen feuchter Standorte, z. B. viele Farne.

**Kaltverfahren/Kaltverschweißung** Verfahren zur Verschweißung von Folienbahnen mit Hilfe eines Quellklebers.

**Kapillarsperre** Saugsperre

**Kaskade** künstlicher, stufenförmiger Wasserfall.

**Kleinkrebse** wichtige Glieder in der Nahrungskette, z. B. Wasserflöhe und Hüpferlinge.

**Koi** in Japan entstandene Zuchtformen des Karpfens (Farbkarpfen). Es existiert eine Vielzahl ein- und mehrfarbiger Formen, die nach ihrer Färbung in verschiedene Gruppen eingeteilt werden.

**Kreiselpumpe** besitzt in ihrem Pumpengehäuse ein schnell rotierendes Laufrad mit nach hinten gebogenen Schaufeln, die das Wasser transportieren.

**Kröte** kann nur kleine, hoppelnde Sprünge oder Schritte ausführen. Ihre Haut ist sehr warzig (Hautdrüsen). Bei Gefahr sondert sie ein giftiges Sekret ab, das zu allergischen Hautreaktionen führen kann.

**Krötenwanderung** Kröten sind sehr standorttreu, sie suchen die Laichgewässer auf, in denen sie zur Welt gekommen sind. Dabei kommt es

| | |
|---|---|
| | im Frühjahr zu den bekannten Krötenwanderungen, wobei die kleineren Männchen bereits auf den Weibchen klammern. |
| **laichen** | Eiablage |
| **Laubfrosch** | sucht nur zum Laichen Gewässer auf, ansonsten bewohnt er grüne Pflanzen. Mit seinen zu Haftscheiben verbreiterten Finger- und Zehenspitzen kann der nur 5 cm große Frosch sehr gut klettern. |
| **Lurche** | → Amphibien |
| **PE** | Polyethylen (Kunststoff) |
| **P-Eutrophierung** | Phosphoranreicherung in Gewässern. |
| **Plankton** | die Gesamtheit der im Wasser schwebenden ein- und mehrzelligen tierischen (Zooplankton) und pflanzlichen Organismen (Phytoplankton). |
| **Pumpenkennlinie** | Grafik, die die Förderhöhe in Abhängigkeit vom Förderstrom darstellt. Gibt Auskunft über die Förderleistung einer Pumpe. |
| **PVC** | Polyvinylchlorid (Kunststoff) |
| **Ringelnatter** | dunkelgrau bis schwarz gefärbte, 70 bis 200 cm lange Schlange, die gerne am und im Wasser lebt. |
| **Röhricht** | dichte Pflanzenbestände, vor allem aus Schilfrohr (Phragmites australis), die an flachen Ufern von Flüssen, Seen und Sümpfen am und im Wasser stehen. |
| **Rückenschwimmer** | Wasserwanzen |
| **Schwarmfisch** | sollten immer in mehreren Exemplaren (mindestens 6 bis 9) zusammen gehalten werden, weil Einzeltiere kümmern. |
| **Schwimmblätter** | speziell ausgebildete Blätter, die auf der Wasseroberfläche aufliegen. |

**Schwimmblattpflanzen** Wasserpflanzen mit → Schwimmblättern, z. B. Seerosen.

**Schwimmpflanzen** wurzeln nicht im Boden, je nach Art leben sie untergetaucht (z. B. Wasserschlauch) oder schwimmend an der Wasseroberfläche (z. B. Wasserlinsen).

**See** besitzt im Gegensatz zum Weiher und Teich eine lichtlose und damit vegetationslose Tiefzone.

**submers lebend** untergetaucht lebend

**Sumpfzone** bildet den Übergang von der Flachwasserzone zum Ufer, biologisch aktivste Zone.

**Teich** ein künstlich erstelltes Kleingewässer.

**Teichfolie** spezielle Folie zur Abdichtung von Teichen.

**Teichpumpe** eine Umwälzpumpe, die das Wasser in einem Kreislauf fördert.

**Thermoverschweißung** → Heißluftverschweißung

**Tiefwasserzone** friert im Winter bei strengem Frost nicht bis zum Boden durch, sodass Fische und Amphibien genügend Platz zur Überwinterung finden, an heißen Tagen stellt sie kühles Wasser mit genügend Sauerstoff bereit. Mindesttiefe 80 bis 150 cm.

**Tonteich** Dichtungsschicht besteht aus Ton.

**Tümpel** kleines, flaches Gewässer, das zeitweise austrocknet.

**Überwinterungsknospen** zur ungeschlechtlichen Vermehrung in den Blattachseln von Wasserpflanzen gebildete Knospen.

**untere Naturschutzbehörde** Ansprechpartner für den Bürger, z. B. in Fragen des Biotopschutzes oder wegen unerlaubter Eingriffe in die Natur.

**Unterwasserpflanzen** untergetaucht lebende Pflanzen.

| | |
|---|---|
| **Verkehrssicherungs-pflicht** | ist die Pflicht zur Sicherung von Gefahrenquellen. |
| **Vorfluter** | Abzugs-/Entwässerungsgraben |
| **Wasserfloh** | 1,2 bis 4,5 mm kleine Kleinkrebse, die man in allen Gewässern, von der Pfütze bis zum See, findet. |
| **Wasserfrosch** | hellgrüner Frosch, der den größten Teil seines Lebens (März bis Oktober) im und am Wasser verbringt. |
| **Wasserläufer** | 0,5 bis 2 mm lange, flugfähige, räuberisch lebende Landwanze. |
| **Wasserpflanzen** | Pflanzen, die im Wasser leben, z. B. Seerose. |
| **Wasserwurzler** | → Wasserpflanzen, die im Boden wurzeln. |
| **Weiher** | ein natürlich entstandenes Gewässer. |
| **Zooplankton** | Gesamtheit der im Wasser schwebenden ein- und mehrzelligen tierischen Organismen. |

## 7.2 Schwimmteichbau

| | |
|---|---|
| **DGfnB e. V.** | **D**eutsche **G**esellschaft **f**ür **n**aturnahe **B**adegewässer |
| **Einkammersystem** | Schwimm- und Regenerationsbereich grenzen aneinander. |
| **Franchise-Anbieter** | vertreiben Schwimmteiche aufgrund von Lizenzverträgen (lizenzierte Ausführungspartner). |
| **Kleinkinderbereich** | Wassertiefe bis 30 cm, bei privater Nutzung bis 60 cm üblich. |
| **Nichtschwimmer-bereich** | Wassertiefe bis 100 cm, bei privater Nutzung bis 135 cm üblich. |
| **Regenerationsbereich** | Klär-/Aufbereitungs-/Reinigungszone. Wasser durchläuft vertikal oder/und horizontal einen mit Wasserpflanzen be- |

| | |
|---|---|
| | wachsenen Kies-Sand-Filter, dem ggf. Lava, Zeolith, Bims und andere Soffe zugesetzt werden. |
| **Reinigungszone** | → Regenerationsbereich |
| **Salmonellen** | Darmkrankheiten verursachende Bakterien. |
| **Schwimmbereich** | Wassertiefe 150 bis 400 cm, bei privater Nutzung 150 bis 200 cm üblich. |
| **Schwimmteich** | Kombination aus Gartenteich und Swimmingpool. Das Wasser wird biologisch gereinigt. Durch die Bepflanzung mit Sumpf- und Wasserpflanzen weist er ein natürliches Erscheinungsbild auf. |
| **Skimmer** | Oberflächenabsauger zur Reinhaltung des Schwimmteichs. |
| **Zweikammersystem/ Mehrkammersystem** | Schwimm- und Regenerationszone sind baulich voneinander getrennt. |

## 7.3 Pflanzenkläranlage

| | |
|---|---|
| **1 EW = 60 g $BSB_5$** | besagt, dass in Europa jeder Einwohner im Mittel pro Tag organische Schmutzstoffe mit dem häuslichen Abwasser abführt, die zu ihrem Abbau einen Sauerstoffbedarf von 60 g haben. |
| **Ablaufkulisse** | ihre Aufgabe ist es, das Abwasser im Beet wieder zu sammeln. |
| **Ablaufwert** | sind die gesetzlichen Mindestanforderungen ($BSB_5$) betreffend die Sauberkeit des geklärten Abwassers. |
| **Abwasser** | das durch Gebrauch verunreinigte abfließende Wasser wie auch jedes in die Kanalisation gelangende Wasser. |
| **Abwasserreinigung** | beruht auf dem Zusammenwirken von Pflanzen, Boden und Mikroorganismen. |
| **Aerenchym** | luftführendes Gewebe |

| | |
|---|---|
| **aerobe Bakterien** | sauerstoffliebende Bakterien |
| **Aluminiumphosphat** | Verbindung aus Aluminium und Phosphor. |
| **Ammonium** | $NH_4^+$-Stickstoff |
| **anaerobe Bakterien** | sauerstofffeindliche Bakterien (Fäulnisbakterien). |
| **Apatite** | Calciumphosphate |
| **Ausfällungen** | durch Bildung von Fe-, Al- oder Ca-Phosphaten wird Phosphor aus dem Abwasser entfernt. |
| **Bakterien** | mikroskopisch kleine einzellige Lebewesen, die sich durch Zellteilung sehr schnell vermehren. |
| **biologische Abwasserreinigung** | erfolgt während der Bodenpassage durch die Mikroorganismen. |
| **Bodenkörper** | Bodenschichtung aus eng gestuftem sandig-kiesigem Material mit einem → Durchlässigkeitsbeiwert von $k_f = 10^{-4}$ bis $10^{-3}$ m/s. |
| **BSB** | **b**iologischer **S**auerstoff**b**edarf |
| **$BSB_5$** | ist die Menge Sauerstoff, die bei biologischer Selbstreinigung eines Abwassers innerhalb von 5 Tagen bei 20 °C verbraucht wird, die Angabe erfolgt in mg $O_2$/l Wasser. |
| **BSB-Wert** | ein Maß für die Belastung des Wassers mit biologisch abbaubaren Stoffen. Je höher der Wert, desto höher ist das Abwasser mit organischen Schmutzstoffen belastet und desto höher ist der zu ihrem Abbau erforderliche Sauerstoffbedarf. |
| **Calciumphosphat** | Verbindung aus Calcium und Phosphor. |
| **Denitrifikation** | unter Sauerstoffmangel entziehen denitrifizierende Bakterien dem Nitrat-Stickstoff den Sauerstoff. Die frei werdenden N-Atome verbinden sich zu $N_2$, einer gasförmigen Verbindung, die aus dem Boden entweicht. |

**Durchlässigkeitsbeiwert $k_f$** gibt die Sickergeschwindigkeit des Wassers (m/s) im Boden im gesättigten Zustand an, → Wasserdurchlässigkeit, → $k_f$-Wert.

**einstufige Pflanzenkläranlage** besitzt ein Pflanzenbeet für die biologische Reinigung.

**EGW/EW** → **E**inwohner**g**leich**w**ert bzw. **E**inwohner**w**ert

**Einwohnergleichwert/ Einwohnerwert** Maß für den durch das Abwasser eines Einwohners hervorgerufenen Sauerstoffbedarf.

**Eisenphosphat** Verbindung aus Eisen und Phosphor.

**Eutrophierung** Überversorgung der Gewässer mit Nährstoffen.

**Helophyt** Sumpfpflanze

**horizontal durchflossener Bodenkörper** Abwasser fliest waagerecht durch den → Bodenkörper.

**Klärschlamm** der aus den Kläranlagen stammende Schlamm.

**Klärschlammerde** Produkt der Vererdung von Klärschlamm.

**mechanische Reinigungsstufe** Absetzbecken, dient zur Absonderung von Feststoffen (Unrat, Schlamm, Grob- und Schwimmstoffe).

**mehrstufige Pflanzenkläranlage** besitzt zwei und mehr Pflanzenbeete zur biologischen Reinigung. Diese können hintereinander- oder parallelgeschaltet sein sowie parallel oder im Intervall (abwechselnd) betrieben werden.

**Mikroorganismen** → Bakterien

**Nitrat** $NO_3^-$-Stickstoff

**Nitratbakterien** Bakterien, die Nitrit in Nitrat umwandeln.

**Nitrifikation** Umwandlung von Ammonium über Nitrit zu Nitrat durch nitrifizierende Bakterien.

| | |
|---|---|
| **nitrifizierende Bakterien** | die → Nitrit- (Nitrosomonas) und → Nitratbakterien (Nitrobacter). |
| **Nitrit** | $NO_2^-$-Stickstoff |
| **Nitritbakterien** | Bakterien, die Ammonium in Nitrit umwandeln. |
| **Nitrobacter** | → Nitratbakterien |
| **Nitrosomonas** | → Nitritbakterien |
| **Pathogene** | Krankheitserreger |
| **pathogener Keim** | krankheitserregender Keim |
| **periodische Beschickung** | regelmäßige Beschickung der Pflanzenkläranlage mit Abwasser. |
| **Pflanzenkläranlage** | besteht aus einer mechanischen und einer biologischen Reinigungsstufe, sie kann einstufig (ein Pflanzenbeet) oder mehrstufig (zwei und mehr Pflanzenbeete) aufgebaut sein und hintereinander- oder parallelgeschaltet sowie parallel oder im Intervall (abwechselnd) betrieben werden. |
| **Pumpensumpf** | Betonschacht, in dem sich eine Tauchpumpe mit Schwimmschaltung befindet, die das Abwasser auf die Beete pumpt, wenn der Wasserstand eine bestimmte Höhe erreicht hat. |
| **Revisionsschacht** | Kontrollschacht |
| **Schilf** | Sumpfpflanze (Phragmitis australis), die bis zu 4 m hoch werden kann, über 2 m tief wurzelt und sehr dichte Pflanzenbestände (Röhricht) bildet. Die Verdunstung liegt bei bis zu 50 l/m$^2$ und Tag. |
| **Schwermetalle** | Sammelbezeichnung für Metalle mit einem spezifischen Gewicht über 4,5 g/cm$^3$, z. B. Eisen, Zink, Kupfer, Mangan, Molybdän, Kobalt, Nickel, Cadmium, Quecksilber, Blei. |
| **Selbstreinigungskraft der Gewässer** | die Fähigkeit der Gewässer, organische Wasserinhaltsstoffe unter Mitwirkung der im Wasser lebenden Kleinlebewesen, vor allem Bakterien und Algen, abzubauen. |

**trockenfallen** fallender Wasserspiegel in den Pflanzenbeeten.

**Vererdung von Klärschlamm** Entwässerung und Abbau der organischen Substanz sorgen dafür, dass das Volumen des eingebrachten Materials um bis zu 95 % reduziert wird.

**vertikal durchflossener Bodenkörper** Abwasser durchfließt → Bodenkörper von oben nach unten (senkrecht).

**Vorfluter** ein System, in das Wasser geleitet wird (Graben, Bach, Fluss. . .).

**Vorklärbecken** Absetzbecken, dient der mechanischen Vorreinigung, indem Feststoffe (Unrat, Schlamm, Grob- und Schwimmstoffe) abgesondert werden.

**Zulaufkulisse** ihre Aufgabe ist es, das Abwasser im Beet zu verteilen (Zulaufkulissen) bzw. wieder zu sammeln (Ablaufkulissen).

## 7.4 Licht im Freiraum

**Akzentlicht** Licht zum Hinsehen.

**Bewegungsmelder** ein elektrischer Sensor, der Bewegungen erkennt und entsprechend Lampen einschalten oder einen Alarm auslösen kann.

**Dämmerungsschalter** schalten Licht ein bzw. aus in Abhängigkeit von der Umgebungshelligkeit.

**dekoratives Licht** Licht zum Ansehen.

**Energiesparlampe** Kompaktleuchtstofflampe mit geringem Stromverbrauch, etwa 20 % einer Glühlampe. Sie ist mit einem eingebauten Minivorschaltgerät und einem der Glühlampe angepassten Schraubsockel ausgestattet, sodass sie in eine gewöhnliche Glühlampenfassung eingedreht werden kann.

**Erdkabel** spezielle Kabel für die unterirdische Energiezufuhr.

**FI-Schutzschalter** — Fehlstromschutzschalter, überwacht den zu- und abfließenden Strom. Bei einem fehlerhaften Stromkreis wird dieser in Bruchteilen von Sekunden abgeschaltet.

**Funk-Fernbedienung** — benötigt kein Kabel, besteht aus Sender und Empfänger.

**Funktionallicht** — Licht zum Sehen.

**Glühbirne** — → Glühlampe

**Glühlampe** — Lampen, bei denen die Lichtausstrahlung durch einen Glühdraht (Metallfaden) erfolgt, der von dem durchfließenden Strom auf 2500 bis 3000° erhitzt und damit zum Glühen gebracht wird.

**Halogen-Glühlampe** — durch Zugabe des Halogens Brom oder Jod werden, im Vergleich zur → Glühlampe, Lebensdauer und Lichtausbeute erhöht.

**Infrarot-Fernbedienung** — drahtlose Fernbedienung, die Signale im unsichtbaren Infrarotbereich sendet.

**Kompakt-Leuchtstofflampe** — → Energiesparlampe

**Lampe** — eine künstliche Lichtquelle, z. B. eine Glühlampe.

**LED** — Leuchtdioden, lichtausstrahlende Dioden. Sehr kleine, lichtintensive Leuchten mit einfacher Steckverbindung. Niedrige Betriebsspannung (2 bis 4 Volt), bei Anschluss an 230 Volt Transformator erforderlich.

**Leuchte** — Vorrichtung die zur Aufnahme und zum Betrieb einer künstlichen Lichtquelle dient, umgangssprachlich allgemein als → Lampe bezeichnet.

**Leuchtmittel** — → Lampe

**Licht** — der sichtbare Teil der Strahlung.

**Lichtverschmutzung** — bezeichnet die künstliche Aufhellung des Nachthimmels. Die natürliche nächtliche Dunkelheit wird „verschmutzt".

**Niedervoltanlagen** wandeln Netzstrom mit 220 Volt über Transformatoren in ungefährliche 12 Volt Niederspannung um.

**Skybeamer** Projektionsscheinwerfer

## 7.5 Fassadenbegrünung

**Alleswinder** winden links oder rechts herum, z. B. Schlingknöterich.

**biozide Zusätze** Algi-, Fungi-, Bakterizide

**Blattranker** klettern mit zu Ranken umgewandelten Blättern oder Blattteilen, z. B. Clematis.

**Blattstielranker** bei diesen Blattrankern sind die Blattstiele zu Ranken umgewandelt, z. B. Clematis.

**Clematissterben** Absterben der oberirdischen Pflanzenteile.

**Clematis-Welke** Pilzkrankheit (Gefäßparasit)

**einfache Palmette** Baumform für Spalierobst, bei der der Haupttrieb eines unverzweigten Jungbaums auf etwa 40 cm über den Boden zurückgeschnitten und die austreibenden Seitentriebe waagerecht gezogen sind.

**Fassadenbegrünung** Begrünung von Fassaden mit Hilfe von Kletterpflanzen.

**Gerüstkletterer** benötigen zum Klettern eine Kletterhilfe.

**Haftscheibenkletterer** bilden Sprossranken mit Haftscheiben aus, die zur Verankerung zapfenförmig in feinste Unebenheiten des Untergrunds eindringen, z. B. Wilder Wein.

**Haftwurzeln** etwa 1 cm lange Luftwurzeln mit zahlreichen Wurzelhaaren, die zum Klettern dienen.

**hydrophobierte Oberflächen** Wasser abweisende Oberflächen.

| | |
|---|---|
| **Kletterformen** | Wurzelkletterer, Haftscheibenkletterer, Schlinger/Winder, Blattranker, Sprossranker, Spreizklimmer. |
| **klimmen** | klettern |
| **Kordon** | → Schnurbaum |
| **Lianen** | Kletterpflanzen |
| **Linkswinder** | winden entgegengesetzt dem Uhrzeigersinn, z. B. Pfeifenwinde, Baumwürger. |
| **Luftwurzeln** | oberirdisch befindliche Wurzeln. |
| **Obstspalier** | dient der Kultur wärmebedürftiger Obstarten (Birnen, Pfirsiche, Aprikosen, Kiwi und Wein) oder -sorten mithilfe von Spalieren. |
| **Ranker** | bilden zum Klettern fadenförmige als Greiforgane funktionierende Ranken aus, man kann unterscheiden zwischen → Blatt- und → Sprossrankern. |
| **Rechtswinder** | winden im Uhrzeigersinn, z. B. Hopfen. |
| **Schlinger/Winder** | schlingen/winden sich um geeignete Kletterhilfen. |
| **Schnurbaum/Kordon** | Baumform für Spalierobst mit senkrechtem Stamm mit kurzem Fruchtholz. Abstand zwischen den einzelnen Bäumen 50 bis 60 cm. |
| **Selbstkletterer/Selbstklimmer** | Kletterflanzen, die keine zusätzliche Kletterhilfe benötigen. |
| **Selbststrangulierung** | Einzelseilführung pro Pflanze ist bei Schlingern notwendig, da sich ansonsten die Triebe infolge ihres Dickenwachstums gegenseitig abschnüren können. |
| **Spreizklimmer** | klettern mithilfe von Stacheln, Dornen, Kletterhaaren oder nach rückwärts gerichteten Sprossteilen, die ein Zurückrutschen verhindern sollen, Triebe müssen regelmäßig aufgebunden werden, z. B. Kletterrosen, Brombeeren, Winterjasmin. |

**Sprossranker** klettern mit zu Ranken umgewandelten Teilen des Sprosses (Seitentriebe), z. B. Wein (Vitis).

**Trittsteineffekt** Verknüpfung von Grünflächen, z. B. zwischen den Grünflächen und dem Grüngürtel der Städte, sodass die Kontaktaufnahme zwischen bis dahin isolierten Populationen möglich wird.

**U-form** Baumform für Spalierobst, bei der der Haupttrieb entfernt wurde und die Seitenäste mit kurzem Fruchtholz in Form eines U nach oben geleitet sind.

**Verrier-Palmette** → einfache Palmette, deren waagerechte Seitenäste an den Enden nach oben geführt werden, Anordnung gewährleistet eine gute Nährstoffversorgung auch der untersten Äste.

**Windesprosse** Triebe mit stark verlängerten Internodien, sodass sie sich gut um geeignete Kletterhilfen schlingen bzw. winden können.

**Wurzelkletterer** entwickeln auf der lichtabgewandten Seite ihrer Triebe Luftwurzeln, so genannte Haftwurzeln, die in feinste Poren des Untergrundes eindringen und sich dort zur Verankerung haftscheibenartig verbreitern, z. B. Efeu.

## 7.6 Dachbegrünung

**Abwasser** das durch Gebrauch verunreinigte abfließende Wasser wie auch jedes in die Kanalisation gelangende Wasser.

**Anspritzbegrünung/ Nassansaat** Hydroseeding, bei diesem Verfahren werden Saaten oder Sedum-Sprossen verschiedener Arten (z. B. Gräser) vermischt mit Mulchstoffen (z. B. Cellulose, Kompost, gehäkseltes Stroh), Depotdünger und organischen Klebemitteln und als breiiges Gemisch gleichmäßig mithilfe von Spezialmaschinen (Hydroseeder) auf die Vegetationstragschicht gespritzt. Kleber wie auch andere Stoffe bewirken relativ schnell eine Verfestigung und Verklebung mit dem Substrat (Schutz vor Erosion).

**„Baummieter"** der Künstler Friedensreich Hundertwasser versteht unter einem Baummieter einen im Haus einquartierten Baum, der aus dem Fenster wächst.

**Begrünungsformen** → Extensiv- und → Intensivbegrünung, die Übergänge zwischen beiden sind fließend.

**Big Bags** Kunststoffsäcke mit 1 bzw. 1,5 m³ Inhalt.

**Dachabdichtung** Bitumen oder Kunststoff.

**Dachbegrünung** Begrünung von Dächern.

**Dachsubstrate** fertig gemischte Substrate für die → Extensiv- und → Intensivbegrünung von Dächern.

**Dränschicht** hat die Aufgabe, überschüssiges Wasser aus der → Vegetationstragschicht aufzunehmen und den Dachabläufen zuzuführen (Belüftung des Wurzelraums), bei entsprechender Ausbildung kann sie auch als zusätzlicher Wasserspeicher dienen, z. B. Dränmatte, Schüttstoff, Dränageformteile.

**Dreischichtenaufbau/ Dreischichtenbauweise** Vegetationsschicht und Dränschicht sind durch eine Filterschicht getrennt.

**Durchwurzelungsschutz** Wurzelschutzfolie, ist bei einer nicht durchwurzelungsfesten Dachabdichtung notwendig (Gewicht ca. 380 bis 1000 g/m²).

**Einschichtenaufbau/ Einschichtenbauweise** direkt auf der Wurzelschutzfolie befindet sich die Vegetationstragschicht, die gleichzeitig als Substrat-, Filter- und Dränschicht dient.

**Evaporation** Wasserverdunstung durch den Boden.

**Evapotranspiration** Wasserverdunstung durch Pflanze und Boden.

**Extensivbegrünung** nur wenige Zentimeter dicke Substrate mit entsprechend anspruchslosen Pflanzen. Sie sind relativ kostengünstig zu erstellen und benötigen kaum Pflege.

**Filterschicht** verhindert, dass feine Bodenteilchen aus der Vegetationstragschicht in die Dränschicht einsickern, z. B. Filtervlies.

**Hundertwasser, Friedensreich** eigentlich Friedrich Stowasser (15.12.1928–19.02.2000), österreichischer Maler und Gebäudegestalter.

**Intensivbegrünung** dickere Substratschichten (≥ 15 cm) mit höheren Nährstoffgehalten, Bepflanzung mit üblichen Gräsern, Stauden, Sträuchern und Bäumen, hoher Pflegeaufwand (Bewässerung, Düngung usw.), hoher Herstellungs- und Pflegeaufwand.

**Kanalisation** Anlage zur Ableitung von Abwässern.

**Kleinballenpflanzen** Pflanzen mit Flach- oder Miniballen.

**Mini Bags** Kunststoffsäcke mit 0,25 $m^3$ Inhalt.

**Nassansaat** → Anspritzbegrünung, vermischt mit Wasser und anderen Stoffen wird das Saatgut auf die zu begrünende Fläche gespritzt.

**Niederschlag** Wasserabgabe aus der Atmosphäre, vor allem in Form von Regen.

**Oberflächenversiegelung** → Versiegelung

**Punktlasten** Lasten von z. B. Bäumen, größeren Sträuchern, Pergolen u. ä.

**RAL-Gütezeichen** Gütezeichen für den Anforderungen entsprechende Dachsubstrate, verliehen von der Gütegemeinschaft Substrate für Pflanzenbau e. V.

**Schichtenaufbau** 1. Vegetationstragschicht, 2. Filterschicht, 3. Dränschicht, 4. Wasserspeicher, 5. Wurzelschutzfolie, 6. evtl. Trennlage, 7. Dachabdichtung.

**Schrägdächer** Dächer ab 15° Neigung, bei exponierter Lage ab 10°.

| | |
|---|---|
| **Schubsicherungs-schwellen** | werden auf → Schrägdächern eingebaut, um das Dachgrün vorm Wegrutschen zu sichern |
| **Schüttbauweise** | Aufbau der Schichten aus mineralischen Baustoffen wie Lava, Bims, Blähton, Blähschiefer etc. |
| **Sedumsprosse** | Triebschnittlinge und Triebrisslinge. |
| **ständige Last** | das Gewicht des Schichtenaufbaus bei maximaler Wassersättigung inklusive der Vegetation (etwa 50 bis über 500 kg/m$^2$). |
| **Statik** | Tragfähigkeit, z. B. der Dachkonstruktion. |
| **Substrat** | Nährböden/Erden, die kurzfristig durch Mischung verschiedener Ausgangsmaterialien hergestellt werden können, z. B. Dachsubstrate. |
| **Sukkulente** | Pflanzen, die in ihren verdickten Blättern (Blattsukkulente) oder Sprossachsen (Stammsukkulente) Wasser speichern, z. B. Sedum-Arten oder Kakteen. |
| **Transpiration** | die Abgabe von Wasser durch Lebewesen in Form von Wasserdampf. |
| **Trennlage** | wird eingebaut, wenn aufeinander folgende Schichten aus chemisch nicht miteinander verträglichen Stoffen bestehen. Auch zum Schutz der → Wurzelschutzfolie bei rauem Untergrund. |
| **Trockenaussaat** | Sedumsprossen (abgeschnittene/-gerissene 3 bis 5 cm lange Triebspitzen) werden auf der Vegetationsfläche ausgestreut. |
| **Turbobags** | Kunststoffsäcke mit bis zu 5 t Inhalt. |
| **Vegetationsmatte** | Matten mit vorkultivierten Pflanzen, z. B. Moosen und Sedum-Arten. |
| **Vegetationstragschicht** | dient den Pflanzen als Wurzelraum, sie bietet den Wurzeln Halt und versorgt sie mit Wasser, Sauerstoff und Nährstoffen. |

**Verdunstung** Übergang des Wassers vom flüssigen in den gasförmigen (dampfförmigen) Zustand.

**Verkehrslast** zusätzliche, veränderliche Lasten (in der Regel 75 $kg/m^2$ für Schnee und 350 $kg/m^2$ bei zugänglichen Dachgärten), → Punktlasten sind gesondert zu ermitteln.

**Versiegelung** Überbauung des Bodens mit Straßen, Plätzen und Gebäuden.

**Wasserrückhaltung** zeitverzögerter Abfluss anfallenden Wassers.

**Wurzelschutzfolie** dient zum Schutz vor einer Durchwurzelung der Dachabdichtung.

**Zweischichtenaufbau/ Zweischichtenbauweise** unter der Vegetationstragschicht befindet sich eine extra Dränschicht, sodass die Dränagewirkung verbessert ist.

## 7.7 Ingenieurbiologische Sicherungsbauweisen

**abböschen** Abschrägen einer Böschung, einfaches Verfahren zur Sicherung von Böschungen, Ufern, Dämmen oder Deichen, die Aufprallgeschwindigkeit des einwirkenden Wassers wird dadurch verringert, sodass seine Energie nicht mehr zum Loslösen von Bodenteilchen ausreicht.

**Adventivwurzeln** sprossbürtige Wurzeln, die aus der Sprossachse hervorgehen.

**Anspritzbegrünung/ Nassansaat** → s. Seite 168

**Buschlagen** parallel oder schräg zum Hang werden etwa 50 cm breite Gräben im Abstand von 2 bis 4 m gegraben. In diese mit einem bergseitigen Gefälle von etwa 10 % versehenen Gräben wird lebendes Material (das so genannte Buschwerk) in Bündeln von ca. 15 bis 20 cm Länge eingesetzt. Das aus den verfüllten Gräben herausragende Buschwerk wird auf ca. 20 cm eingekürzt.

**Buschwerk** lebendes Material, vor allem Zweige und Äste von Salix-Arten, die sich gut bewurzeln.

**Dränfaschinen** senkrecht zum Hang eingebaute → Faschinen, dienen der Ableitung von Wasser zum Vorfluter.

**Erosion** Bodenabtrag durch Wind oder Wasser.

**Faschinen** Bündel (Walzen mit einem Durchmesser von 20 bis 40 cm und einer Länge von 2 bis 4 m) aus Ruten, Ästen oder Zweigen.

**Fertiggabione** bereits im Werk befüllte und verdichtete → Gabione.

**Flechtwerk** vorwiegend Weidenruten/Holzpflöcke im Abstand von 20 bis 40 cm, ca. 20 cm tief in den Boden gesteckt/geschlagen und mit Weidenruten untereinander verflochten. Höhe etwa 20 bis 30 cm.

**Gabionen** Drahtschotterkörbe, kastenförmige Körbe aus Draht, die mit Steinen oder Schotter gefüllt werden.

**Hangfaschinen** schräg oder waagerecht zum Hang eingebaute → Faschinen, dienen zur Terrassierung, wodurch sich ein sofortiger Hangschutz ergibt.

**Hangrost** ist ein an Hängen oder Böschungen eingebautes, aufgelegtes oder verankertes rostartiges Holz-, Beton- oder Stahlbauteil.

**ingenieurbiologische Bauweisen** Maßnahmen zur Sicherung von Abhängen, Böschungen und Ufern mit lebendem oder totem Material.

**Krainerwände** sind Elemente aus Holz, Stahl, Beton oder Recyclingmaterialien. Waagerechte Schwellen werden mit so genannten Bindern im Hang verankert, die Zwischenräume können mit Erde verfüllt und bepflanzt werden.

**lebende Faschinen** → Faschinen, die aus lebenden Ruten, Ästen oder Zweigen bestehen.

**mulchen** das Abdecken des Bodens mit organischen (z. B. Rindenmulch, Stroh, Grasschnitt) oder anorganischen Stoffen (z. B. Folie, Steine).

**Nassansaat** → Anspritzbegrünung, vermischt mit Wasser und anderen Stoffen wird das Saatgut auf die zu begrünende Fläche gespritzt.

**Raubettrinne** muldenförmiger Wasserlauf aus Bruchsteinen.

**Rhizom** Wurzelstock, unterirdisch verdickte Sprossachsen mit schuppenartigen Niederblättern.

**Spreitlagenbau/Zweiglagenbau** Deckmaterial, z. B. Äste, Ruten oder Zweige, zwischen Pflöcken fixiert und mit Spanndrähten fest auf den Boden gedrückt.

**Steckhölzer** ausgereifte einjährige, mehr oder weniger verholzte, blattlose, etwa 20 cm lange Triebstücke.

**Steinschüttung** Schotter oder Kies mit Körnungen > 32 mm an Ufern abgeschüttet. An flachen Ufern zum Schutz vor Wellenschlag.

# 8 Betriebliche Zusammenhänge

## 8.1 Finanzierungsarten

**Annuität** — Jahresleistung aus Zins und Tilgung, die zur Rückzahlung eines Darlehens aufgebracht werden muss. Bei monatlicher Zahlung beträgt die Rate ein Zwölftel der Annuität.

**Annuitätendarlehen** — Darlehen, für die während der vereinbarten Zinsbindung gleich bleibend hohe Raten aus Zins und Tilgung zu zahlen sind. Da die Restschuld durch die Tilgung abnimmt, sinkt der Zinsanteil der Rate mit zunehmender Laufzeit, während der Tilgungsanteil steigt.

**Außenfinanzierung** — Geldmittel werden von außen in das Unternehmen eingebracht. → Eigenfinanzierung, → Fremdfinanzierung.

**Darlehen** — mittel- (Laufzeit 1 bis 5 Jahre) und langfristige → Kredite (Laufzeit über 5 Jahre).

**Dispositionskredit (Dispo)** — Kredit vom laufenden Gehaltskonto.

**Eigenfinanzierung** — Einsatz von Eigenkapital.

**Ersatzinvestitionen** — Investitionen zum Austausch alter Maschinen und Geräte.

**Erweiterungsinvestitionen** — Investitionen zur Neubeschaffung von Maschinen und Geräten.

**Finanzierung** — Beschaffung von Geldmitteln zur Tätigung von Investitionen.

**Fremdfinanzierung** — Einsatz von Fremdkapital.

**Gläubiger** — Kreditgeber

**Innenfinanzierung** — → Selbstfinanzierung

**investieren** — Kapital anlegen

**Investition** Kapitalanlage

**Jahreszinsen**
$$\text{Zinsen} = \frac{\text{Kapital} \times \text{Zinsfuß} \times \text{Jahre}}{100\,\%}$$

**Kontokorrentkredit** Kredit vom laufenden Geschäftskonto.

**Kredit** die leihweise Überlassung von Geld (Kaufkraft) durch Ausleihen einer Geldsumme oder Verzicht auf eine sofortige Bezahlung beim Kauf.

**Kreditlinie** Höhe, bis zu der das Konto überzogen werden darf.

**Leasing** Beschaffung eines Anlageguts (z. B. Maschinen und Geräte) durch Mieten.

**Lieferantenkredit** wenn der Lieferant einer Ware bei der Bezahlung einer Rechnung eine Zahlungsfrist einräumt.

**Mehrwertsteuer** → Umsatzsteuer

**Monatszinsen**
$$\text{Zinsen} = \frac{\text{Kapital} \times \text{Zinsfuß} \times \text{Monate}}{100\,\% \times 12\ \text{Monate}}$$

**netto Kasse** Zahlung rein netto (ohne Skontoabzug).

**p.a.** lat. pro anno/per annum = bezogen auf ein Jahr.

**Restschuld** Restbetrag eines Darlehens.

**Schuldner** Kreditnehmer

**Selbstfinanzierung** Geldmittel werden von innen, von dem Unternehmen selbst aufgebracht.

**Skonto** Preisnachlass für die Bezahlung innerhalb einer bestimmten Frist, z. B. innerhalb von 10 Tagen nach Rechnungserhalt.

**Tageszinsen**
$$\text{Zinsen} = \frac{\text{Kapital} \times \text{Zinsfuß} \times \text{Tage}}{100\,\% \times 360\ \text{Tage}}$$

**Tilgung** der Anteil der Rate, mit dem ein Darlehen zurückgezahlt wird.

**Tilgungsbeitrag** Rate aus Zins und Tilgung, die zur Rückzahlung eines Darlehens gezahlt werden muss.

**Überziehungskredit** → Dispositionskredit

**Umsatzsteuer/Mehrwertsteuer** eine Steuer auf den Umsatz, d. h., eine Steuer auf verkaufte Waren oder Leistungen. Der allgemeine Satz beträgt 19 %, der ermäßigte 7 %. Sie wird auf einer Rechnung extra ausgewiesen und muss von dem Unternehmen an das Finanzamt abgeführt werden.

**Umsatzsteuervoranmeldung** Meldung an das Finanzamt, bei der sowohl die Umsatzsteuer, die man eingenommen hat, als auch die Umsatzsteuer, die man bei Einkäufen bezahlt hat (→ Vorsteuer) angegeben werden. Bezahlt wird die Differenz.

**Vorsteuer** die → Umsatzsteuer, die ein Unternehmer bei seinen Einkäufen bezahlen muss. Sie kann später mit der Umsatzsteuer, die an das Finanzamt abgeführt werden muss, verrechnet werden.

**Warenkredit** → Lieferantenkredit

**Zinsen** Entgelt für geliehenes Kapital.

**Zinsfuß** → Zinssatz

**Zinssatz/Zinsfuß** Zins für geliehenes Kapital, ausgedrückt in Prozent.

## 8.2 Kalkulation

**Angebotspreis**

|   |   |
|---|---|
|   | Lohnkosten |
| + | Materialkosten |
| + | Maschinen- und Fahrzeugkosten |
| + | Kosten für Fremdleistungen |
| = | Herstellkosten |
| + | Gemeinkosten |
| = | Selbstkosten |

| | |
|---|---|
| + | Wagnis- und Gewinnzuschlag |
| = | Gesamtkosten (Baustellenumsatz) |
| +/– | marktbezogene Preisauf- oder -abschläge |
| = | Nettopreis |
| + | Mehrwertsteuer |
| = | Angebotspreis. |

**Ausgleichskalkulation** → Mischkalkulation

**Betriebskosten** → variable Kosten

**Deckungsbeitrag** ergibt sich aus der Differenz zwischen dem Erlös aus dem Auftrag (der Baustelle) und seinen (ihren) variablen Kosten: Erlös – variable Kosten = Deckungsbeitrag.

**Deckungsbeitragsrechnung** eine Teilkostenrechnung. Bei ihr werden zur Beurteilung der Wirtschaftlichkeit (Rentabilität) eines Auftrags im Gegensatz zur Vollkostenrechnung nicht alle angefallenen Kosten berücksichtigt, sondern nur die variablen Kosten und diese den Erlösen gegenübergestellt.

**Einzelkosten** die Kosten, die einem Auftrag direkt zugeordnet werden können (direkte Kosten), z. B. Kosten für Arbeitskräfte und Maschinen auf der Baustelle sowie Materialkosten.

**fixe Kosten** feste oder konstante Kosten; entstehen unabhängig davon, ob ein Auftrag durchgeführt wird oder nicht, wie z. B. Zinsen für Kredite, Versicherungsbeiträge, Abschreibungen, Mieten und Löhne für fest angestellte Mitarbeiter.

**Gemeinkosten** Kosten, die den einzelnen Aufträgen/Leistungen nicht direkt zugeordnet werden können, weil sie nicht nur von einem Auftrag verursacht werden, wie z. B. Verwaltungs-, Lager-, Reparatur-, Versicherungs-, Büro- und Betriebsführungskosten.

**Gesamtkosten** ergeben sich aus allen Kosten, die in einem Unternehmen anfallen, sie können in → Einzel- und → Gemeinkosten unterteilt werden;

| | |
|---|---|
| | Selbstkosten |
| + | Wagnis- und Gewinnzuschlag |
| = | Gesamtkosten (Baustellenumsatz) |

**gleich belastende Kalkulation** die Gemeinkosten und der Risiko- bzw. Gewinnaufschlag werden auf die Herstellkosten aufgeschlagen. So wird eine gleichmäßige Aufteilung erreicht.

**Herstellkosten** Kosten, die dem Unternehmer unmittelbar bei der Erstellung einer Leistung entstehen:

| | |
|---|---|
| | Lohnkosten |
| + | Materialkosten |
| + | Maschinen- und Fahrzeugkosten |
| + | Kosten für Fremdleistungen |
| = | Herstellkosten. |

**Istkosten** die tatsächlich entstandenen Kosten.

**Istkostenrechnung** → Nachkalkulation

**Kalkulation** von lat. calculatio, das Berechnen/Ermitteln von Kosten.

**Mischkalkulation** mithilfe der Mischkalkulation (Ausgleichskalkulation) versucht der Unternehmer seine Preise den Wettbewerbsbedingungen am Markt sowie den betrieblichen Gegebenheiten anzupassen. Das Prinzip besteht darin, dass gleiche Dienstleistungen entsprechend der Marktlage zu verschiedenen Preisen angeboten werden.

**Nachkalkulation** bei der Nachkalkulation werden die tatsächlich entstandenen Kosten (Istkosten) für die erstellte Leistung mit den errechneten Sollkosten verglichen (Gewinn- und Verlustrechnung), das Ergebnis bildet die Grundlage für die folgende Vorkalkulation.

**Nettopreis**

| | |
|---|---|
| | Gesamtkosten (Baustellenumsatz) |
| +/– | marktbezogene Preisauf- oder -abschläge |
| = | Nettopreis. |

**Selbstkosten**

| | |
|---|---|
| | Herstellkosten |
| + | Gemeinkosten |
| = | Selbstkosten. |

**Sollkosten** voraussichtliche Kosten für die noch zu erstellende Leistung.

**Sollkostenrechnung** → Vorkalkulation

**Teilkostenrechnung** → Deckungsbeitragsrechnung

**ungleich belastende Kalkulation** die einzelnen Kostenstellen (Stellen wo Kosten entstehen) werden ungleich mit Gemeinkosten und Risiko- bzw. Gewinnzuschlag belastet. So erhalten häufig Maschinen und Material einen Aufschlag von ca. 10 bis 20 %, die Lohnkosten einen Aufschlag von 60 bis 100 %.

**variable Kosten** veränderliche Kosten oder Betriebskosten; fallen erst mit der Durchführung eines Auftrags an, wie z. B. Kosten für Material, Betriebsmittel, Maschinenreparaturen (vgl. Seite 184).

**Vollkostenrechnung** alle angefallenen Kosten (variable und fixe) werden addiert und zur Gewinn-/Verlustermittlung den Einnahmen gegenübergestellt. Da der Aufwand für eine Vollkostenrechnung sehr hoch ist, wird häufig auf die → Deckungsbeitragsrechnung zurückgegriffen.

**Vorkalkulation** bei der Vorkalkulation werden die voraussichtlichen Kosten (Sollkosten) für die noch zu erstellende Leistung (z. B. auf der Basis einer Leistungsbeschreibung) anhand von Aufzeichnungen und Erfahrungswerten berechnet, sie dient als Grundlage für den → Angebotspreis.

**Wagniszuschlag/Risikozuschlag** dient zur Abdeckung unvorhersehbarer Risiken, wie z. B. Ausfall von Arbeitskräften und Maschinen, Arbeitsverzögerungen durch schlechte Witterung oder Fremdfirmen, Materialengpass, falsche Kalkulation hinsichtlich des Zeitbedarfs usw.

**Zwischenkalkulation** dient der Kostenkontrolle während der Bauausführung.

### 8.2.1 Lohnkostenberechnung

**AK** Arbeitskräfte

**Akh** Arbeitskraftstunde

**Arbeitskosten** → Lohnkosten

**Baustellenmittellohn** → Betriebsmittellohn

**betriebliche Lohnnebenkosten** Urlaub einschließlich Urlaubsgeld, Sonderzahlungen (z. B. Gratifikationen, Prämien, 13. Monatsgehalt, Gewinnbeteiligung), betriebliche Altersversorgung, vermögenswirksame Leistungen, sonstige Lohnnebenkosten (z. B. Betriebsausflug, Weihnachtsfeier, Unterkunft).

**Betriebsmittellohn/ Baustellenmittellohn** Betriebs- oder Baustellendurchschnittslohn der im Betrieb oder auf einer Baustelle beschäftigten Personen.

**Betriebsstundenlohn** setzt sich aus dem Bruttolohn und den Lohnnebenkosten eines Unternehmens zusammen.

**gesetzliche Lohnnebenkosten** Sozialversicherungsbeiträge des Arbeitgebers (Renten-, Arbeitslosen-, Pflege- und Krankenversicherung), bezahlte Feiertage und sonstige Ausfallzeiten (z. B. Eheschließung, Entbindung der Ehefrau, Arztbesuch, Todesfälle im engeren Familienkreis), Lohnfortzahlung im Krankheitsfall, sonstige gesetzliche Lohnnebenkosten (z. B. Beiträge zur Berufsgenossenschaft, Mutterschutzgesetz).

**Kalkulationsprogramm** für den Computer, erleichtert ganz wesentlich die Kalkulation. Es enthält aktuelle Arbeitszeiten, Stundensätze und Materialpreise in verschiedenen Variationen, sodass eine flexible Preisgestaltung möglich ist. Zudem enthält es entsprechend der VOB Positionstexte zu jeder Leistung, die direkt in das Angebot übernommen werden können.

**Lohnherstellkosten** ergeben sich aus den Lohnkosten/Stunde (/Minute) und der Zeit, die für eine bestimmte Leistung, z. B. 1 $m^2$ Pflasterung, benötigt wird.

**Lohnkosten/Arbeitskosten** alle Kosten, die durch den Einsatz menschlicher Arbeitskraft entstehen, sie stellen mit den größten Kostenblock eines Unternehmens dar.

**Lohnminute** teilt man den Betriebsstundenlohn durch 60, erhält man die Kosten einer Lohnminute.

**Minuten-Mittellohn** Minuten-Durchschnittslohn der auf einer Baustelle beschäftigten Personen.

**Musterzeitwerte** Durchschnittszeitwerte für bestimmte Leistungen.

**Sozialversicherungsbeiträge** des Arbeitgebers zu Renten-, Arbeitslosen-, Pflege- und Krankenversicherung.

**Stunden-Mittellohn** Stunden-Durchschnittslohn der auf einer Baustelle beschäftigten Personen.

**tarifliche Lohnnebenkosten** s. betriebliche Lohnnebenkosten

**Zeitleistung** gibt an, in welcher Zeit eine bestimmte Leistung erbracht werden kann.

**Zeitwerte** Zeiten, die man für bestimmte Leistungen benötigt (Quellen: Aufzeichnungen, Tabellenwerke, Kalkulationsprogramme).

### 8.2.2 Materialkostenberechnung

**Bruttopreis** Nettopreis + Mehrwertsteuer (19 %) = Bruttopreis.

**Kalkulationspreis** Preis frei Baustelle + Aufschlag für Bruch = Kalkulationspreis.

**Materialkosten** setzen sich zusammen aus dem Materialpreis und den Transportkosten.

**Nettopreis** Listenpreis – Rabatt = Nettopreis.

**Preis frei Baustelle** Verkaufspreis ab Lager (inkl. MwSt.) + Transportkosten = Preis frei Baustelle.

**Rabatt** ist ein Preisnachlass, z. B. aufgrund großer Abnahmemengen.

**Skonto** ist ein Preisnachlass, der bei Zahlung innerhalb einer bestimmten Frist gewährleistet wird.

**Verkaufspreis ab Lager** Bruttopreis – Skonto = Verkaufspreis ab Lager (inkl. MwSt.).

### 8.2.3 Maschinenkostenberechnung

**Abschreibung**
die Ermittlung und Verteilung verbrauchsbedingter Wertminderungen von Anlagegütern; Güter/Produktionsmittel, die dauerhaft im Betrieb zur Verfügung stehen (länger als 1 Jahr) und nicht direkt in die Produkte eingehen, sogenannte Anlagegüter (z. B. Geräte, Maschinen, Gebäude, Einrichtungen) unterliegen der Abschreibung. Sie unterliegen im Laufe der Zeit einer Wertminderung (durch z. B. Verschleiß und technischen Fortschritt). Die Wertverluste sind mit Kosten gleichzusetzen und werden als Abschreibungskosten („verbrauchsbedingte Wertminderung") geltend gemacht.

**AfA**
im Rahmen der steuerlichen Gewinnermittlung spricht man von **A**bsetzung **f**ür **A**bnutzung (AfA) statt von → Abschreibung

**Eigenkapital**
eigenes Geld, z. B. in Form von Anlage- oder Umlaufvermögen angelegt.

**feste Kosten/ Festkosten**
→ Fixkosten

**fixe Kosten**
→ Fixkosten

**Fixkosten**
feste oder konstante Kosten, z. B. Zinsen, Versicherungsbeiträge, Löhne fest angestellter Mitarbeiter, entstehen unabhängig davon, ob eine Dienstleistung durchgeführt wird oder nicht. Sie ändern sich nicht mit dem Umfang der Dienstleistung.

**Fremdkapital**
geliehenes Geld, für das Zinsen gezahlt werden müssen.

**lineare Abschreibung**
die abzuschreibende Summe wird gleichmäßig auf die Nutzungsjahre verteilt, die jährlichen Abschreibungskosten können errechnet werden, indem man die Anschaffungskosten durch die Jahre der voraussichtlichen Nutzungsdauer dividiert.

**Maschinenkosten**
Kosten, die eine Maschine verursacht.

**Reparaturkosten** die voraussichtlichen Reparaturkosten werden mit einem Reparaturkostenfaktor, der aus Tabellen oder eigenen Aufzeichnungen und Erfahrungswerten entnommen werden kann, berechnet. Es wird allgemein angenommen, dass während der Nutzungsdauer etwa 30 bis 50 % der Anschaffungskosten als Reparaturkosten anfallen. Dies entspricht bei der Kalkulation einer Maschinenstunde einem Reparaturkostenfaktor von 0,3 bis 0,5.

**variable Kosten** veränderliche Kosten, die erst mit der Aufnahme einer Dienstleistung anfallen und von deren Umfang abhängen, z. B. Benzin-, Dünger- oder Wasserkosten (vgl. Seite 180).

**Wartungskosten** Kosten für die Wartung (Pflege) einer Maschine.

**Zinsen** Entgelt für geliehenes Kapital.

**Zinskosten** Kosten (Zinsen) für geliehenes Kapital.

## 8.3 Marketing

**Absatzwerbung** hat das Ziel, den Absatz unmittelbar zu fördern, indem die Dienstleistungen des Unternehmens bekannt und begehrenswert gemacht werden.

**Aktionsmarketing** z. B. Tag der offenen Tür, Tag der offenen Gartenpforte, Bademodenschauen am Schwimmteich, Themenwochen, Vernissagen (Ausstellungseröffnungen).

**Baustellenmanagement** Ziel ist die Kostenersparnis auf der Baustelle.

**Corporate Identity** die einheitliche Gestaltung z. B. auf den Fahrzeugen, der Arbeitskleidung, dem Briefbogen, dem Bauschild oder der Visitenkarte (einheitliches Firmenbild).

**Einführungswerbung** Werbung, wenn neue Leistungen auf dem Markt eingeführt werden sollen.

**Einzelwerbung** Firmenwerbung eines einzelnen Betriebes.

**Erhaltungswerbung** Werbung, wenn die Sicherung des bisherigen Absatzes gefährdet ist.

**Expansionswerbung** Werbung, wenn neue Märkte erschlossen werden sollen.

**Gemeinschaftswerbung** es schließen sich mehrere Betriebe zur gemeinsamen Werbung zusammen (z. B. Werbematerial des Verbandes Garten-, Landschafts- und Sportplatzbau).

**Management** die Leitung eines Unternehmens, z. B. Baustellenmanagement, Personalmanagement, Beschwerdemanagement, Qualitätsmanagement.

**Marketing** eine markt- und kundenorientierte Unternehmensführung bzw. –politik.

**Medien** Werbeträger

**Öffentlichkeitsarbeit (Public Relations)** dient der Darstellung des Unternehmens in der Öffentlichkeit, soll das Image des Unternehmens fördern und für Vertrauen und Verständnis beim Kunden werben, hat das Ziel, den Absatz zu fördern.

**Personalmanagement** kümmert sich um den Umgang mit den Mitarbeitern.

**Preisdifferenzierungen** Leistungen gleicher Art zu verschiedenen Preisen in Form von z. B. Saison- und Außersaisonpreisen, Aktionspreisen, Mengenrabatten, Nachlässen für Barzahlung (Skonti), Sonderpreisen für Groß-/Stammkunden oder Zuschlägen für Kleinkunden.

**Preispolitik/Konditionenpolitik** umfasst alle Maßnahmen, die zur Gestaltung der Preise und der übrigen Verkaufsbedingungen dienen.

**Qualitätsmanagement** die gezielte Qualitätssicherung bei der Durchführung von Dienstleistungen.

**qualitätssichernde Maßnahmen** z. B. Pflanzen- und Materialanlieferungen nur von speziell geschultem Personal abnehmen lassen, für die Arbeit im Büro ausgebildete Bürokräfte einsetzen, bei der Erstellung von Leistungsverzeichnissen/Angeboten genaue Überprüfung der einzelnen Positionen, auf der Baustelle Ansprechpartner für den Kunden bestimmen.

**Reklamation** Beschwerde unzufriedener Kunden.

**Sortimentsbreite eines Unternehmens** gibt die Zusammensetzung der Angebotspalette eines Unternehmens an. Ein Betrieb mit einem breiten Sortiment versucht möglichst viele Abnehmergruppen anzusprechen indem er möglichst viele Arbeiten des Garten- und Landschaftsbaus anbietet. Unternehmen mit engem Sortiment haben sich auf bestimmte Dienstleistungen (z. B. Baumfällarbeiten, Teichbau, Pflege- oder Pflasterarbeiten) spezialisiert.

**Sortimentsstruktur eines Unternehmens** die Angebotspalette des Unternehmens.

**Sortimentstiefe eines Unternehmens** gibt die Anzahl der Variationen an, mit der eine gleichartige Dienstleistung angeboten wird (z. B. abgestufte Pflegeprogramme für Grünflächen.)

**Stabilisierungswerbung** Werbung, wenn durch zunehmende Konkurrenz die bisherigen Maßnahmen nicht mehr ausreichend sind, um den Absatz zu sichern.

**Werbemittel** Sprache, Schrift und die optische Wirkung des Bildes.

**Werbeträger** Medien, mit deren Hilfe die Werbemittel an die Verbraucher herangetragen werden.

**Werbung** dient der Förderung des Absatzes (Erhalt von Aufträgen), indem sie dem Kunden die Marktübersicht erleichtert, Preissenkungen durch Erhöhung der Produktion (z. B. durch bessere Auslastung der Kapazitäten, Reduzierung der Fixkosten) ermöglicht, Wünsche weckt und Bedürfnisse suggeriert.

**Zertifizierung** das Unternehmen kann sich die Durchführung qualitätssichernder Maßnahmen beurkunden lassen.

# 9 Alphabetisches Fachwortverzeichnis

## C



## D